国家古籍整理出版
专项经费资助项目

ISBN 978-7-80174-834-8

中医古籍丛书综录

刘从明　王者悦　黄　鑫　编著

中医古籍出版社

图书在版编目（CIP）数据

中医古籍丛书综录/刘从明，王者悦，黄鑫编著．－北京：中医古籍出版社，2011.3

ISBN 978－7－80174－834－8

Ⅰ.①中…　Ⅱ.①刘…②王…③黄…　Ⅲ.①中医典籍－图书目录－中国　Ⅳ.①Z88：R2

中国版本图书馆 CIP 数据核字（2010）第 063872 号

中医古籍丛书综录

刘从明　王者悦　黄　鑫　编著

责任编辑　黄　鑫
封面设计　陈　娟
出版发行　中医古籍出版社
社　　址　北京东直门内南小街 16 号（100700）
印　　刷　三河市燕郊天华印刷装订有限公司
开　　本　850mm×1168mm　1/32
印　　张　14.75
字　　数　400 千字
版　　次　2011 年 3 月第 1 版　2011 年 3 月第 1 次印刷
印　　数　0001～2000 册
ISBN　978－7－80174－834－8
定　　价　36.00 元

前言

中医古籍，卷帙浩繁。我国现存的中医古籍约有万余种，查找书目并非易事。为改善这一状况，《中医文献辞典》、《中医大辞典》、《中国医籍大辞典》、《中国中医古籍总目》、《中国古医籍书目提要》等一批著作相继问世，或以版本为主；或旨在记载书目提要；或重在收录序跋，这些目录学著作的共同特点是方便读者从书名查询古籍的各项资料。但是，在历史的漫漫长河里，有些中医书籍出于种种原因没有单行本传世，仅被收录于某些中医丛书，或者见于综合汇编类丛书，其中不乏学术价值、文献价值较高的古籍著作，尤其是部分收于综合汇编类丛书中的中医书籍，更是缺乏系统的整理研究，随着时间的流逝，这些中医书籍逐渐为世人淡忘，日久则行将湮灭。如何对这些著作进行合理地整理、开发与利用，造福社会，具有重大意义，是件“功在当代，利在千秋”的工作。然而迄今为止，国内未见中医古籍丛书目录类专著问世。为方便读者查询，完整地展现中医学术的发展及传承轨迹，我们在国家相关部门领导及专家的关心和支持下，编撰了《中医古籍丛书综录》。

为了全面地展现历代古籍收载中医丛书子目的情况，本书收录的重点是 1911 年以前流传下来的中医古籍丛书、综合汇编类丛书中的中医古籍子目，对于 1911 年至 1949 年出版的近代中医药著作予以保留，以便于弥补这一时期中医丛书子目检索工具之不足。

本书编撰的指导思想和工作重点包括以下几个方面：

一、本书的编撰在大量调查收集古籍丛书子目的基础上进行的，并充分采纳了近年来中医目录学、文献学的研究成果，如《中医大辞典》、《中医文献辞典》、《中国医籍大辞典》、《中国中医古籍总目》、《上海中医学院书目》等，以及综合汇编类丛书书目辞典，如《中国丛书综录》、《四部总录医药编》等。

二、本书对于所收书目的名称、卷数、作者、成书年代及附录等具体资料进行了重点调查核实，辨析纠正了一些以往古籍目录学著作处理不当的资料，并增加了一些经过核实确认的书目数据。

三、为保持和提高本书目的学术参考价值，本书对所收中医著作进行了整理和分类，分为中医古籍丛书子目及综合汇编类丛书中医子目两部分，首次采用了丛书子目书名笔画索引、丛书及其子目第一著（编）者人名笔画索引两种方式，方便读者从子目的书名、第一著（编）者姓名以及丛书第一著（编）者人名查询到各项具体资料。

本书共收录了我国1949年以前刊行或流传的丛书856种，包括中医丛书670种、综合汇编类丛书186种（其中，同书异名者72种）。

《中医古籍丛书综录》的编撰出版是我们在中医古籍丛书领域的初次探索和尝试，得到了有关专家学者、长春中医药大学图书馆、中国中医科学院图书馆的大力支持和鼎力帮助，在此谨表衷心的感谢。同时，由于时间、精力所限，错讹疏漏之处在所难免，恳请各位专家、读者给予批评指正。

编者

凡　例

1. 本目录收录了1949年前出版的中文中医药古（典）籍丛书。

2. 凡1949年前出版的综合汇编类丛书，内容包括中医药著作者可收录，其子目只录中医药著作，其他从略。

3. 外国人所著中医药著作，只收中文原著或中文译本，外文不收。

4. 本书收录的每一条目必须是独立著作，对于一部著作中的某一篇章，虽有篇名或独立标题，亦不予收录。

5. 为了方便读者查询，全面反映中医丛书的收录情况，本书囊括了"合刻、合抄"类书籍，并设子目项，反映其所收子目的书名、卷数、作者及附录。

6. 全书内容结构分为四部分：（一）凡例；（二）中医丛书书名目录；（三）综合汇编类丛书中医书名目录；（四）索引，包括子目书名索引、丛书及子目第一著（编）者人名索引。

7. 书目正文内容包括：序号、书名（包括异名、卷数、附录）、著作年代、著者（包括朝代、姓名、字、号、别名、著作方式）、丛书子目（包括书名、卷数、作者、附录）。

8. 本书所收录的书目序号是丛书的代码，每一种丛书只有一个序号。

9. 本书书目的排列以书名首字笔画为序。

10. 凡一书多名者，取最通行者为书名，其他异名，均冠以“又名”字样，列于书名之后。将同书异名书籍即“又名”者也按首字笔画排序，并标注为“见某书”字样。

11. 托名之作者，在其姓名前冠以“原题”字样。

12. 1911 年以前历代医疗机构名称，需在名称前冠以朝代。

13. 著者姓名均以正名为准，1911 年以前的著者，其所处朝代加括弧著录于姓名之前，其字、号、别号加括弧著录于姓名之后。

14. 本书索引分为子目书名笔画索引、子目及丛书第一著（编）者笔画索引。

15. 本书的字体以国家语言文字工作委员会 1986 年重新发表的《简化字总表》为依据，书名、人名中的异体字照录。

目　　录

上 编

丛书目录

· 中医丛书 ·

中医丛书书名目录字头笔画检字

中医丛书书名目录

一 画

二 画

三 画

四　画

五　画

六 画

七 画

八　画

九 画

十 画

十 一 画

十二画

十 三 画

十 四 画

十　五　画

十　六　画

十 九 画

二 十 画

中医丛书子目

一　画

001　**一隅草堂医书四种**　1893

（清）计楠（寿乔、甘谷外史）等撰

子目：

（1）质疑录二卷/（明）张介宾撰

（2）按部分经录一卷/（明）宁一玉编

（3）类伤寒集补一卷/（清）张泰编

（4）客尘医话三卷/（清）计楠编

二　画

002　**二难宝鉴**　1542

（明）李荣（岚溪、樵阳子）等撰

子目：

（1）闺门宝鉴/（明）李汤卿撰　李荣辑校

（2）博爱心鉴撮要/（明）魏直原撰　李荣编

003　**十竹斋刊袖珍本医书**　1632

（明）胡正心（无所）辑

子目：
(1) 内科摘要二卷/（明）薛己撰
(2) 原机启微二卷附录一卷/（元）倪维德撰
(3) 保婴金镜（原缺）
(4) 痘疹撮要四卷/（明）薛己撰
(5) 痘疹方论二卷/（明）薛己注
(6) 女科撮要二卷/（明）薛己撰
(7) 嗣产法论（原缺）
(8) 外科枢要四卷/（明）薛己撰
(9) 伤寒五法二卷/（明）陈长卿撰
(10) 伤寒金镜录/（元）杜本撰
(11) 伤寒秘要二卷/（明）陈长卿撰
(12) 五运六气详解/（明）董玹订

004 丁氏医学丛书 1908

丁福保（仲祜）撰
子目：
(1) 新素问
(2) 新灵枢
(3) 近代内科全书
(4) 医学指南续编

005 丁福保医学丛书 1908

丁福保（仲祜）辑
子目：
(1) 医界之铁椎/（日）和田启十郎撰　丁福保译述
(2) 删定伤寒论/（汉）张机撰　（日）吉益猷删定
(3) 分娩生理篇/（日）今渊恒寿撰

（4）伤寒论通论/丁福保译述
（5）新纂儿科学
（6）新内经第一集
（7）新内经第二集

006 儿科七种 1769

（清）李廷筠等编
子目：
（1）医方/（清）汪林安编
（2）幼科摘要/著者佚名
（3）慈幼玄机/著者佚名
（4）选抄小儿科医书/著者佚名
（5）医方粹言/著者佚名
（6）摘选幼科传旨
（7）秘受小儿科心法不传人/（清）汪靖信编

007 九芸医馆医学丛书 1949

许少华撰
子目：
（1）防疫医话
（2）九芸医案
（3）外科良方
（4）花柳病讲义
（5）验方配本
（6）脉学一夕谈
（7）治痘宝册

三 画

008 三三医书 1923

裘庆元（吉生）编

子目：

第一集

（1）温热逢源三卷/（清）柳宝诒撰

（2）医事启源/（日）今邨亮撰

（3）医经秘旨二卷/（明）盛寅编

（4）医病简要/（清）张畹香撰

（5）医阶辨证/（清）汪必昌撰

（6）喉科秘诀二卷/（原题）破头黄真人撰　何光编

（7）疠科全书/（清）梁希曾撰

（8）重订时行伏阴刍言/田云槎撰

（9）村居救急方七卷附录一卷/魏祖清编

（10）殴蛊燃犀录/（清）燃犀道人撰

（11）外科方外奇方四卷/（清）凌奂编

（12）咳论经旨四卷/（清）凌德撰

（13）临症验舌法二卷/杨云峰撰

（14）沈氏经验方附胎产良方一卷/（清）沈维基撰

（15）重订痧疫指述/（清）费养庄编　顾晓澜评

（16）重订灵兰要览二卷/（明）王肯堂编　顾金寿重订

（17）凌临灵方/（清）凌晓五编

（18）推蓬寤语/（明）李豫亨撰　王兰远节录

（19）旧德堂医案/（清）李用粹撰　唐玉书记

（20）内经辨言/（清）俞樾撰

(21) 新刊诊脉三十二辨三卷/管玉衡编
(22) 专治麻痧初编六卷/（清）凌德编
(23) 评注产科心法二卷/（清）汪喆编　徐召南评
(24) 本草衍句/黄光霁撰　金山农录
(25) 先哲医话二卷/（日）浅田惟常撰
(26) 陈氏幼科秘诀/苏州世医陈氏传
(27) 秋疟指南二卷/林天佑编
(28) 备急灸法/（宋）闻人耆年编
(29) 医源/（清）芬余氏撰　卢育和录
(30) 马培之医录/（清）马培之撰
(31) 类证普济本事方续集十卷/（宋）许叔微撰
(32) 曹仁伯医案论/（清）曹存心撰
(33) 南病别鉴三卷/（清）叶桂撰　宋兆祺增注

第二集

(34) 医脉摘要二卷/（清）萧涣唐编
(35) 崇实堂医案/（清）姚龙光撰
(36) 千里医案五卷/（清）张千里撰
(37) 医学课儿策/（清）高鼎汾撰　王泰林注
(38) 经历杂论/（清）刘恒瑞撰
(39) 痢疾明辨/（清）吴士瑛撰
(40) 伏邪新书/（清）刘恒瑞撰
(41) 鬼遗方五卷/（齐）龚庆宣撰
(42) 医医医三卷/（清）孟今氏撰
(43) 察病指南三卷/（宋）施发撰
(44) 温证指归四卷/（清）周魁撰
(45) 女科折衷纂要/（清）凌德撰
(46) 延陵弟子纪要/（清）曹存心撰　吴元善录
(47) 过庭录存/（清）曹存心撰

(48) 医中一得/（清）顾仪卿撰
(49) 医学说约/（清）秋田散人撰
(50) 医学妙谛三卷/（清）何其伟撰
(51) 发背对口治诀论/（清）谢应材撰
(52) 脚气治法总要二卷/（宋）董汲撰
(53) 集验背疽方/（宋）李迅撰
(54) 伏瘟证治实验谈/蒋树杞撰
(55) 肯堂医论三卷/（明）王肯堂撰
(56) 伤科方书/江考卿撰
(57) 和缓遗风二卷/（清）金子久撰
(58) 证治心传/（明）袁班撰
(59) 金氏门诊方案/（清）金子久撰
(60) 长沙正经证汇附方一卷/（日）田中荣信编
(61) 治痢捷要新书/丁国瑞编
(62) 素问校义/（清）胡澍撰
(63) 中风论/（清）熊笏撰
(64) 琉球问答奇病论/（清）曹存心撰
(65) 羊毛瘟证论/（清）随霖撰
(66) 走马急疳真方/（宋）滕伯祥撰

第三集

(67) 医学辑要四卷/（清）吴燡编
(68) 阴证略例/（元）王好古撰
(69) 疡科纲要/张寿颐撰
(70) 沈鲐翁医验随笔/（清）沈祖复撰
(71) 历验再寿编/童月轩录
(72) 仿寓意草二卷/（清）李文荣撰
(73) 毛对山医话/（清）毛祥麟撰
(74) 沈氏女科辑要笺疏三卷/（清）沈尧封撰　徐政杰补

注 张寿颐笺疏

（75）鲙残篇/沈萍如撰

（76）重订喉科家训四卷/刁步忠撰 刁质明编

（77）外科学讲义/刘丙生编

（78）医余三卷/（日）尾台逸撰

（79）伤风治证约言/（日）后藤省撰

（80）解围元薮四卷/（明）沈之问编

（81）丹溪脉诀指掌/（元）朱震亨撰

（82）医学体用三卷/王普耀编 沈仲圭录

（83）疝癥积聚编/（日）大桥尚因撰

（84）医易一理/（清）邵同珍编

（85）卹后方/（明）喻政编

（86）医津一筏/（清）江之兰撰

（87）许氏医案/（清）许恩普撰

（88）医经读四卷/（清）沈又彭撰

（89）摄养枕中方/（唐）孙思邈撰

（90）灵药秘方二卷/（清）师成子编

（91）药征三卷/（日）吉益东洞编

（92）评琴书屋医略三卷/（清）潘名熊撰

（93）重楼玉钥续编/（清）郑承瀚撰

（94）伤寒论读/（清）沈又彭撰

（95）药征续编二卷附录一卷/（日）邨井杶撰

（96）上池杂说/（明）冯时可撰

（97）暑症发原/李识候参订

（98）徐渡渔先生医案/徐渡渔撰

（99）行军方便便方三卷/（清）罗世瑶编

009 三方合刻 1843

（清）胡鳌编

子目：

（1）经验百方一卷/（清）汪氏（丛桂堂居士）编

（2）济世养生合集选要良方一卷/（清）毛世洪编

（3）眼科神验方一卷/（清）余煌吉编

010 三字经合编六种 1911

张骥（先识）编

子目：

（1）医学三字经三卷/（清）陈念祖撰

（2）春温三字诀/（清）张汝珍撰

（3）痢症三字诀/（清）唐宗海撰

（4）三字经汤方歌括二卷/张骥增辑

（5）春温三字诀方歌/张骥增辑

（6）痢症三字诀歌括/张骥增辑

011 三字经合编四种 1933

张骥（先识）编

子目：

（1）医学三字经二卷/（清）陈念祖撰

（2）春温三字诀一卷/（清）张汝珍撰

（3）痢症三字诀一卷/（清）唐宗海撰

（4）三字经汤方歌括四卷/张骥增辑

012 三家医话 1851

（清）王士雄（孟英、潜斋）编

子目：
(1) 愿体医话良方/（清）史典撰
(2) 柳州医话/（清）魏之琇撰
(3) 潜斋简效方/（清）王士雄撰

013 **三家医案合刻** 1831

又名三家医案摘抄
（清）吴金寿（子音）编
子目：
(1) 叶氏医案/（清）叶桂撰
(2) 薛氏医案/（清）薛雪撰
(3) 缪氏医案/（清）缪遵义撰

014 **三家医案摘抄** 1831

见《三家医案合刻》

015 **三家诊法** 1896

见《脉学丛书初编》

016 **三朝名医方论** 1900

编者佚名
子目：
(1) 内经拾遗方论/（宋）骆龙吉撰
(2) 黄帝素问宣明论方十五卷/（金）刘完素撰
(3) 名医方论四卷/（清）罗美编

017 **士材三书** 1667

又名合镌增补士材三书、善成堂增订士材三书

（明）李中梓（士材）撰（清）尤乘（生洲）增辑
子目：
（1）诊家正眼三卷
（2）本草通玄二卷
（3）病机沙篆二卷附寿世青编二卷/（清）尤乘辑

018　**大生全书**　1933

杨静庵撰
子目：
（1）大生要旨
（2）保赤要言
（3）妇科秘方

019　**大众万病顾问**　1935

见《医药顾问大全》

020　**万氏妇科达生合编**　1704

（明）万全（密斋）等撰
子目：
（1）万氏女科三卷卷首一卷
（2）达生编

021　**万应经验良方**　1931

宏大善书局编
子目：
（1）万应良方秘本
（2）普济应验良方
（3）济世养生集

(4) 便易经验集
(5) 续刻经验集
(6) 瘖疹选要

022 **万病自疗丛书** 1935

蔡玉堂编
子目:
(1) 小儿病
(2) 妇女病
(3) 五官病
(4) 肝胃病
(5) 肺病
(6) 性病
(7) 伤科
(8) 痈疽病

023 **万病自疗医药顾问大全** 1935

见《医药顾问大全》

024 **万密斋幼科三种** 1549

(明) 万全 (密斋) 撰
子目:
(1) 育婴秘诀
(2) 幼科发挥
(3) 片玉心书

025 **万密斋医书十种** 1549

见《万密斋医学全书》

026 万密斋医学全书 1549

又名万密斋医书十种

（明）万全（密斋）撰

子目：

（1）保命歌括三十五卷

（2）伤寒摘锦二卷

（3）养生四要五卷

（4）万氏女科三卷

（5）幼科发挥二卷

（6）片玉新书五卷

（7）育婴秘诀四卷

（8）痘疹心法二十三卷

（9）片玉痘疹十三卷

（10）广嗣纪要十六卷

027 上海国医学院讲义七种 1934

上海国医学院编

子目：

（1）药物学/章次公编

（2）幼科/徐衡之编

（3）中国方剂学概要/许半龙编

（4）杂病/章次公编

（5）杂病医案/章次公编

（6）时病/何云鹏编

（7）医案选粹/沈仲圭编

028 **山居杂志** 1593

（明）汪士贤集编

子目：

（1）疏食谱一卷/（宋）陈达叟辑

（2）野菜谱一卷/（明）王磐撰

029 **千金至宝** 1777

见《庄氏慈幼二书》

030 **丸散备要四诊歌诀合刊** 1934

陈秉钧撰

子目：

（1）丸散备要

（2）四诊歌诀

031 **广东中医药专门学校各科讲义** 1936

广东中医药专门学校编

子目：

（1）救护学/朱绍东编

（2）救护学/管季耀编

（3）国文学/廖伯鲁编

（4）全体学/章启翔编

（5）生理学/陈汝来编

（6）生理学/章启祥编

（7）生理经义疏证/李桢华编

（8）病理学/陈仕枚编

（9）卫生学/马毅民　郭绍贤合编

（10）医学通论/卢朋编
（11）医学史/卢朋编
（12）中国医学源流略述/卢朋编
（13）治疗学讲义/梁翰芬编
（14）伤寒论/冯瑞鎏编
（15）伤寒辑注/罗绍祥编
（16）伤寒论概要/冯守平编
（17）温病学/陈仕枚编
（18）温病学/刘赤选编
（19）内科杂病学/陈汝来编
（20）解剖学/章启祥编
（21）诊断学/梁翰芬编
（22）法医学/卢朋编
（23）外科学/管霈民编
（24）伤科学/管季耀编
（25）妇科学/李近圣编
（26）妇科学/谢泽霖编
（27）重订妇科纂要/吕楚白编
（28）儿科学/陈汝来编
（29）儿科学/古绍尧编
（30）喉科学/古绍尧编
（31）痘疹学/古绍尧编
（32）花柳学/管霈民编
（33）针灸学/梁慕周编
（34）眼科学/梁翰芬编
（35）药物学/李嘉鎏编
（36）药物学/卢朋编
（37）药物研究笔记/王炳秋编

(38) 脏腑药式/张元素原文　梁翰芬编
(39) 方剂学/卢朋编
(40) 课程纲要/广东中医专门学校编

032 广东光汉中医药专门学校讲义 1929

光汉中医药专门学校编
子目:
(1) 医学通论/黄少禄编
(2) 医学史/卢朋编
(3) 内经/(清) 汪昂辑注　苏寿年增注
(4) 喉科讲义/邬宝杰撰

033 广东医学实习馆讲义 1918

罗绍祥编
子目:
(1) 伤寒论大议
(2) 温热说约
(3) 经络病理

034 广东保元国医学校讲义 1934

保元国医学校编
子目:
(1) 金匮学
(2) 妇科学
(3) 产科学
(4) 儿科学
(5) 处方学
(6) 药物学

（7）温病学

035 广达生编全 1876

辑者佚名

子目：

（1）达生编/（清）亟斋居士撰

（2）广达生编/（清）周毓龄增广

（3）续广达生编/（清）周登庸续广

036 广嗣五种备要 1821

（清）王实颖（西成、耕苗老人）撰

子目：

（1）种子心法

（2）保胎方论

（3）达生真诀

（4）新产证治

（5）全婴须知

037 卫生汇刊广益良方二种合刊 1918

徐友成（友丞）编

子目：

（1）卫生汇刊

（2）广益良方

038 卫生汇编 1823

（日）丹波元胤编

子目：

（1）黄帝虾蟆经一卷/著者佚名

(2) 本草衍义二十卷/(宋)寇宗奭撰
(3) 济生续方八卷/(宋)严用和撰

039 卫生纂要 1744

(清)刘奂编
子目:
(1) 诊家枢要
(2) 经络歌诀
(3) 汤头歌诀
(4) 经验集方

040 女科三种 1850

著者佚名
子目:
(1) 女科
(2) 女科方
(3) 产宝新书

041 小品方等辑佚方五种 752

辑自外台秘要
子目:
(1) 小品方/(晋)陈延之撰
(2) 范汪方/(晋)范汪等撰
(3) 僧深方/(唐)僧深撰
(4) 经心录方/(唐)宋侠撰
(5) 张文仲方/(唐)张文仲撰

042 小耕石斋医书四种 1868

又名金氏医书四种

（清）金德鉴（保三、蒯释老人）编
子目：
（1）喉科枕秘
（2）急救霍乱方
（3）烂喉痧辑要
（4）十药神书/（元）葛可久撰

043　习医钤法　1949

编者佚名
子目：
（1）陆氏遗书/（明）陆嶽撰
（2）三世医验/（明）陆士龙编
（3）原病集/吴良汇编

四　画

044　王旭高医书六种　1897

（清）王泰林（旭高、退思居士）编
子目：
（1）退思集类方歌一卷
（2）医方证治汇编歌诀一卷
（3）增订医方歌诀一卷
（4）医方歌括一卷
（5）薛氏湿热论歌诀一卷
（6）西溪书屋夜话录一卷

045 王李脉诀 1949

辑者佚名

子目：

(1)（校正图注）八十一难经四卷/（明）张世贤注

(2)（校正图注）王叔和脉经四卷/（明）张世贤注

(3)（校正）濒湖脉学一卷/（明）李时珍撰

(4) 奇经八脉考一卷/（明）李时珍撰

046 天津国医函授学院讲义 1937

见《新国医讲义教材十四种》

047 五书剔髓 1826

（日）竹坪后藤编

子目：

(1) 伤寒论五卷

(2) 金匮要略方四卷

(3) 千金方三卷

(4) 千金翼方二卷

(5) 外台秘要方三卷

(6) 药注二卷

(7) 分量考一卷

048 太仓傅氏医学三书 1930

（清）傅耐寒（松元）撰　傅雍言编

子目：

(1) 医经玉屑二卷

(2) 医案摘奇四卷

（3）舌胎统志一卷附课艺刍议析疑

049 尤在泾全集 1907

（清）朱钧经编
子目：
（1）医学读书记三卷附医学续记/（清）尤怡撰
（2）静香楼医案/（清）尤怡撰
（3）金匮要略心典三卷/（清）尤怡撰

050 友渔斋医话 1812

（清）黄凯钧（南薰、退庵）撰
子目：
（1）一览延龄一卷
（2）橘旁杂论二卷
（3）上池涓滴一卷
（4）肘后偶钞二卷
（5）证治指要一卷
（6）药笼小品一卷

051 戈氏医学丛书 1885

（清）戈颂平（直哉）撰
子目：
（1）黄帝内经素问指归九卷
（2）伤寒论指归六卷
（3）伤寒杂病论金匮指归十卷
（4）神农本草经指归四卷

052 中外医书八种合刻 1901

又名中外医书八种合编

辑者佚名

子目:

(1) 脏腑图说/(清)罗定昌撰

(2) 脏腑图说症治合璧/(清)罗定昌撰

(3) 脏腑全图/著者佚名

(4) 症治要言/(清)罗定昌撰

(5) 医案类录/(清)罗定昌撰

(6) 中西医解二卷/(清)唐宋海撰

(7) 脉学辑要三卷/(日)丹波元简撰

(8) 皮肤新编/(美)嘉约翰译

053 **中外医书八种合编** 1901

见《中外医书八种合刻》

054 **中西汇通医书五种** 1884

(清)唐宗海撰

子目:

(1) 中西汇通医经精义二卷

(2) 金匮要略浅注补正九卷

(3) 伤寒论浅注补正七卷

(4) 血证论八卷

(5) 本草问答二卷

055 **中西汇通医书六种** 1910

(清)唐宗海(容川)撰

子目:

(1) 中西汇通医经精义二卷

(2) 金匮要略浅注补正七卷

（3）伤寒论浅注补正七卷
（4）血证论八卷
（5）本草问答二卷
（6）医易通说二卷

056　中西医书六种　1914

医学研究社辑
子目：
（1）本草求真十一卷/（清）黄宫绣撰
（2）脉理求真/（清）黄宫绣撰
（3）注解伤寒论七卷附明理论/（金）成无己撰
（4）伤寒舌鉴/（清）张登编
（5）医学图说四卷附杂病检验方/（清）陈念祖撰
（6）生理医学图说

057　中西医学劝读十二种　1908

（清）冯步蟾编
子目：
（1）中西汇通医经精义二卷/（清）唐宗海撰
（2）中西会参医书二卷/著者佚名
（3）伤寒论浅注补正七卷/（清）唐宗海补正
（4）金匮要略浅注补正九卷/（清）唐宗海补正
（5）血证论八卷/（清）唐宗海撰
（6）医学折衷劝读篇三卷/（清）黄传祁撰
（7）痎疟论疏一卷/（明）卢之颐撰
（8）医方折衷纂要录二卷/看冰山人述
（9）扁鹊心书三卷附神方一卷/（宋）窦材编
（10）本草问答二卷/（清）唐宗海撰

（11）薛生白湿热条辨一卷/（清）章楠释
（12）叶天士温热论一卷/（清）章楠释

058 **中西医学丛书十二种** 1926

汪洋 顾鸣盛编
子目：
（1）中西病理学讲义
（2）中西生理学讲义
（3）中西妇科学讲义
（4）中西产科学讲义
（5）中西外科学讲义
（6）中西药物学讲义
（7）中西皮肤病学讲义
（8）中西催眠术讲义
（9）中西耳鼻咽喉口齿科学讲义
（10）中西眼科学讲义
（11）中西花柳病学讲义
（12）中西儿科学讲义

059 **（绘图）中西医学丛书十种** 1895

辑者佚名
子目：
（1）（绘图）中西医学入门/（清）唐宗海撰
（2）中西本草问答/（清）唐宗海撰
（3）（新译）中西医学要论/（英）合信氏撰
（4）（新译）中西内症玄机/（美）嘉约翰口译 （清）林湘东笔述
（5）（新译）中西割症大全

（6）中西眼科指南/（英）补稻惟德口译　（清）林湘东笔述

（7）花柳解毒神效方/（美）嘉约翰口译　（清）林湘东笔述

（8）中西急救奇方/（英）秀耀春撰

（9）（绘图）中西裹扎新法/（美）嘉约翰口译　（清）林湘东笔述

（10）泰西用药新法/（清）孔继良撰

060　中西医学丛书九种　1897

（清）辑者佚名

子目：

（1）中西内症玄机/著者佚名

（2）中西医学要论图考/（英）合信氏撰

（3）花柳白浊各种治毒方/（美）嘉约翰译

（4）中西眼科指南/著者佚名

（5）中西本草问答/（清）唐宗海撰

（6）泰西救急奇方/（英）秀耀春撰

（7）泰西用药新法/（清）孔继良撰

（8）泰西裹扎新法图解/著者佚名

（9）泰西割症大全/著者佚名

061　中西医学丛书四种　1918

顾鸣盛编

子目：

（1）中西合纂外科大全五卷

（2）中西合纂妇科大全七卷

（3）中西合纂幼科大全十二卷

(4) 中西合纂内科大全（缺佚）

062 中西医学全书 1911

（清）羊城医学会辑

子目：

(1) 脏腑图说症治合璧/（清）罗定昌撰

(2) 脏腑图说/（清）罗定昌撰

(3) 格致医理略述/（英）傅兰祇撰

(4) 东西医法汇录/（清）潘学祖编

(5) 伤寒论浅注补正七卷/（清）唐宗海撰

(6) 皮肤新编/（美）嘉约翰译

(7) 中西辨证医经精义二卷/（清）唐宗海撰

(8) 血证论八卷/（清）唐宗海撰

(9) 本草奥义问答二卷/（清）唐宗海撰

(10) 脉学精微辑要三卷/（日）丹波元简撰

(11) 医案类录/（清）罗定昌撰

(12) 论脉/（英）舒高第译

063 中西医学全书 1893

辑者佚名

子目：

(1) 本草问答/（清）唐宗海撰

(2) 论脉/舒高第译

(3) 脉表诊病新编

064 中西医学全书十二种 1926

汪洋　顾鸣盛编

子目：

(1) 中西病理学讲义

（2）中西生理学讲义
（3）中西妇科学讲义
（4）中西产科学讲义
（5）中西外科学讲义
（6）中西药物学讲义
（7）中西皮肤病学讲义
（8）中西催眠术讲义
（9）中西耳鼻咽喉口齿科讲义
（10）中西眼科学讲义
（11）中西花柳病学讲义
（12）中西儿科学讲义

065 中西医学群书 1907

（清）陈侠君编
子目：
（1）颅囟经二卷/著者佚名
（2）卫济宝书二卷/（宋）东轩居士撰
（3）脏腑标本药式/（金）张元素撰
（4）三消论/（金）刘完素撰 （清）周学海注
（5）诊家枢要/（元）滑寿撰 （清）周学海注
（6）痎疟论疏/（明）卢之颐撰
（7）金匮钩玄三卷/（元）朱震亨撰 （清）周学海评注
（8）幼科要略二卷/（清）叶桂撰 周学海注
（9）温热论/（清）叶桂撰 周学海注
（10）客尘医话三卷/（清）计楠撰

066 中西医粹 1882

（清）罗定昌（茂亭）撰

子目:
(1) 脏腑图说
(2) 脏腑各图
(3) 症治要言
(4) 医案类录

067 中华古圣医经大全 1911

(清) 田伯良 (捷乡) 编
子目:
(1) 黄帝内经素问九卷
(2) 黄帝内经灵枢九卷
(3) 张仲景伤寒杂病论上论下论
(4) 张仲景伤寒杂病论之方解上论下论
(5) 神农本草经药性增解一卷
(6) 时方药解四卷

068 中医各科问答丛书 1934

包天白编
子目:
(1) 卫生概要/章鹤年编 包天白校
(2) 喉科概要/章鹤年编 包天白校
(3) 本草概要/章鹤年编 包天白校
(4) 妇科概要/钱公玄编 包天白校
(5) 温热概要/钱公玄编 包天白校
(6) 古方概要/钱公玄编 包天白校
(7) 伤寒概要/朱志成编 包天白校
(8) 内难概要/蔡陆仙编

069 中医学讲义四种 1936

周介人编

子目：

（1）灵素生理学

（2）药物学

（3）脉学

（4）张仲景诊断学

070 中医学堂讲录 1911

（清）何仲皋撰

子目：

（1）医学引深

（2）寒温条辨歌括

（3）内经显化篇

071 中国医学入门丛书 1934

陈景岐编

子目：

（1）诊脉入门

（2）辨舌入门

（3）药性入门

（4）汤头入门

（5）内经入门

（6）金匮入门

（7）伤寒入门

（8）温病入门

（9）女科入门

(10) 产科入门
(11) 幼科入门
(12) 痘科入门
(13) 外科入门附疔科入门
(14) 伤科入门
(15) 眼科入门
(16) 喉科入门

072 **中国医学大成** 1936

曹炳章辑

子目：

第一集医经类

(1) 灵枢识六卷/（日）丹波元简撰
(2) 黄帝内经素问集注九卷/（清）张志聪撰
(3) 黄帝内经灵枢集注九卷/（清）张志聪撰
(4) 研经言四卷/（清）莫枚士撰
(5) 针灸甲乙经十二卷/（晋）皇甫谧撰

第二集药物类

(6) 神农本草经三卷/（清）孙星衍撰 （清）孙冯翼编
(7) 本草衍义二十卷/（宋）寇宗奭撰
(8) 雷公炮制药性赋四卷/（金）李杲撰
(9) 雷公炮制药性解六卷/（明）李中梓撰
(10) 药征三卷/（日）吉益东洞撰
(11) 药征续编二卷附录一卷/（日）邨井杶撰

第三集诊断类

(12) 脉经十卷/（晋）王叔和撰
(13) 玉函经三卷/（唐）杜光庭撰 （宋）黎民寿注
(14) 太素脉秘诀二卷/（□）张太素（青城山人）述 刘

伯详注

(15) 医灯续焰二十一卷/(宋)崔嘉彦原撰(明)李言闻删补(清)潘楫增注

(16) 脉学辑要评三卷/(清)廖平撰

(17) 脉说二卷/(清)叶霖撰

(18)(重订)诊家直诀二卷/(清)周学海撰

(19) 望诊遵经二卷/(清)汪宏撰

(20) 临症验舌法二卷/(清)杨云峰撰

(21) 察舌辨症新法一卷/(清)刘吉人撰

第四集方剂类

(22) 圣济总录纂要二十六卷/(清)程林摘编

(23) 刘涓子鬼遗方五卷/(南齐)龚庆宣撰

(24) 医方考六卷附脉语二卷/(明)吴崑撰

第五集通治类

(25) 巢氏诸病源候论五十卷/(隋)巢元方撰

(26) 儒门事亲十五卷/(金)张从正撰

(27) 医林改错二卷/(清)王清任撰

第六集外感病类

伤寒丛刊

(28) 伤寒九十论一卷/(宋)许叔微撰

(29) 伤寒六经辨证治法八卷/(清)沈明宗撰

(30) 张卿子伤寒论七卷/(明)张遂辰撰

(31) 伤寒明理论三卷/(金)成无己撰

(32) 伤寒来苏集八卷/(清)柯琴撰

(33) 伤寒兼证析义一卷/(清)张倬撰

(34) 伤寒贯珠集八卷/(清)尤怡撰

(35) 伤寒补例一卷/(清)周学海撰

温暑丛刊

（36）增订叶评伤暑全书二卷/（明）张鹤腾撰 （清）叶霖增订

（37）温热暑疫全书四卷/（清）周扬俊撰

（38）温证指归四卷/（清）周魁撰

（39）增补评注温病条辨六卷卷首一卷/（清）吴瑭撰 （清）王士雄 （清）叶霖 曹炳章等评注 附温病条辨歌括二卷/颜芝馨撰

（40）辑补温热诸方一卷/方内散人编

（41）辑温病条辨论一卷/恒斋辑

（42）温病医方撮要一卷/（清）杨璿撰

（43）增补评注治温提要一卷/（清）曹华峰撰

（44）温病三字经一卷/（清）张子培撰

（45）温热经解一卷/沈麟撰

（46）温热病指南集一卷/（清）陈祖恭撰

（47）南病别鉴三卷续集一卷/（清）宋兆淇编

（48）温热逢源三卷/（清）柳宝诒撰

（49）张氏温暑医旨一卷/（清）张畹香撰

（50）伏气解一卷/（清）叶霖撰

（51）伏邪新书一卷/（清）刘吉人撰

（52）湿温时疫治疗法二卷/绍兴医学会撰

（53）疟疾论一卷/（清）韩善征撰

瘟疫丛刊

（54）瘟疫论二卷补遗一卷/（明）吴有性撰

（55）瘟疫明辨四卷附方一卷/（清）戴天章撰 郑奠一编

（56）（重订）医门普度瘟疫论三卷/(明)吴有性撰 （清）李砚庄订

（57）鼠疫抉微四卷/（清）余德壎撰

（58）羊毛瘟证论三卷/（清）随霖撰

（59）阴证略例一卷/（元）王好古撰

（60）随息居霍乱论二卷/（清）王士雄撰

（61）瘟疫霍乱答问一卷附利济瘟疫录验方一卷/（清）陈虬撰

（62）霍乱审证举要一卷/（清）连文冲撰　附霍乱寒热辨证一卷/曹炳章撰

（63）霍乱吐泻方论一卷

（64）伏阴论二卷/（清）田宗汉撰

（65）痧胀玉衡三卷卷末一卷/（清）郭志邃撰

第七集内科类

（66）（重刊）金匮玉函经二注二十二卷附补方一卷　/（元）赵以德衍义　（清）周扬俊补注　附十药神书一卷/（元）葛乾孙撰

（67）沈注金匮要略二十四卷/（清）沈明宗撰

（68）金匮要略心典三卷/（清）尤怡撰

（69）金匮翼八卷/（清）尤怡撰

（70）脉因证治四卷/（元）朱震亨撰

（71）韩氏医通二卷/（明）韩懋撰

（72）慎斋遗书十卷/（明）周之干撰

（73）症因脉治四卷卷首一卷/（明）秦昌遇撰

（74）医学心悟六卷/（清）程国彭撰

（75）医原三卷/（清）石寿棠撰

（76）医学举要六卷/（清）徐镛辑

（77）增订十药神书一卷/（元）葛乾孙撰　（清）周扬俊解　（清）陈念祖注　（清）潘霨评

（78）痰火点雪四卷/（明）龚居中撰

（79）慎柔五书五卷/（明释）住想撰　（清）周学海评注

(80) 理虚元鉴二卷/(明) 汪绮石撰

(81) 虚损启微二卷/(清) 洪炜撰

(82) 何氏虚劳心传一卷/(清) 何炫撰

第八集外科类

外科丛刊

(83) 徐评外科正宗十二卷/(明) 陈实功撰 (清) 徐大椿评

(84) 马评陶批外科全生集四卷附新增马氏试验秘方一卷/(清) 王维德撰 (清) 马文植评 (清) 陶祥忻批

(85) 外科选要二卷附补遗方一卷/(清) 唐黉编

(86) 外科医镜一卷/(清) 张正撰

(87) 疠科全书一卷/(清) 梁希曾撰

(88) 痰疬法门一卷附杨梅验方一卷喉蛾捷诀一卷/(清) 李庆申撰

伤科丛刊

(89) 正体类要二卷/(明) 薛己撰

喉科丛刊

(90) 口齿类要一卷/(明) 薛己撰

(91) 尤氏喉科秘书一卷/(清) 尤乘撰

(92) (重刊) 咽喉脉证通论一卷/著者佚名

(93) 喉舌备要秘旨一卷附录一卷/著者佚名

(94) (重订) 囊秘喉书二卷附录验方一卷增录一卷/(清) 杨龙九撰 附录/(清) 王景华辑增录 (清) 浦石师撰

(95) 包氏喉证家宝一卷附方一卷附咽喉七十二证考一卷/(清) 包三鐮撰

眼科丛刊

(96) 一草亭目科全书一卷附薛氏选方一卷/(明) 邓苑撰

(97) 异授眼科一卷/著者佚名

（98）银海指南四卷/（清）顾锡撰

第九集妇科类

（99）经效产宝三卷附续编一卷/（唐）昝殷撰　续编佚名辑

（100）（校注）妇人良方二十四卷/（宋）陈自明撰　（明）薛己注

（101）女科经纶八卷/（清）萧壎撰

（102）女科切要八卷/（清）吴道源撰

（103）盘珠集胎产症治三卷/（清）施雯　（清）严洁（清）洪炜合纂

（104）（重订）产孕集二卷附补遗一卷/（清）张曜孙撰

（105）胎产指南八卷卷首一卷/（清）单南山撰

第十集儿科类

儿科丛刊

（106）小儿卫生总微论方二十卷/著者佚名

（107）活幼心书三卷/（元）曾世荣撰

（108）慈幼新书十二卷卷首一卷/（明）程云鹏撰

（109）幼科直言六卷/（清）孟河撰

（110）幼幼集成六卷/（清）陈复正撰

痘科丛刊

（111）原瘄要论一卷/（清）袁氏撰

（112）麻疹备要方论一卷/（清）吴亦鼎撰

第十一集针灸类

针灸丛刊

（113）针灸素难要旨三卷/（明）高武撰　（日）冈本一抱子订

按摩丛刊

（114）巢氏病源补养宣导法二卷/（隋）巢元方等撰

第十二集医案类

（115）孙文垣医案五卷/（明）孙一奎撰

（116）眉寿堂方案选存二卷/（清）叶桂撰　郭濬维编

（117）三家医案合刻三卷/（清）吴金寿辑

（118）叶天士医案一卷/（清）叶桂撰

（119）缪宜亭医案一卷/（清）缪遵义撰

（120）薛生白医案一卷/（清）薛雪撰

（121）程杏轩医案初集一卷续录一卷辑录一卷/（清）程文囿撰

（122）吴鞠通医案五卷/（清）吴瑭撰

（123）何澹安医案一卷/（清）何游撰

（124）张畹香医案二卷/（清）张畹香撰

（125）邵兰荪医案四卷/（清）邵兰荪撰　（清）史久华评注

第十三集杂著类

医论丛刊

（126）重订灵兰要览二卷/（明）王肯堂撰/（清）顾金寿订

（127）肯堂医论三卷/（明）王肯堂撰

（128）医学源流论二卷/（清）徐大椿撰

（129）慎疾刍言一卷/（清）徐大椿撰

（130）叶选医衡二卷/（清）沈时誉撰　（清）叶桂编

（131）读医随笔六卷/（清）周学海撰

（132）医学读书记三卷续记一卷附静香楼医案一卷/（清）尤怡撰

（133）知医必辨一卷/（清）李文荣撰

（134）市隐庐医学杂著一卷/（清）王德森撰　曹炳章评

医话丛刊

（135）友渔斋医话六种八卷/（清）黄凯钧撰

（136）一览延龄一卷/（清）黄凯钧撰

（137）橘旁杂论二卷

（138）上池涓滴一卷/（清）黄凯钧撰

（139）肘后偶抄二卷

（140）证治指要一卷/（清）黄凯钧撰

（141）药笼小品一卷

（142）客尘医话三卷/（清）计楠撰

（143）先哲医话二卷/（日）浅田惟常撰

（144）对山医话四卷附补编一卷/（清）毛祥麟撰

（145）冷庐医话五卷附补编一卷/（清）陆以湉撰

（146）柳洲医话一卷附方一卷/（清）魏之琇撰　（清）王士雄编

（147）鬲塘医话一卷附补编二卷/（清）张景焘撰

（148）潜斋医话一卷/（清）王士雄撰

（149）医暇卮言二卷/（清）程林撰

（150）徐批叶天士晚年方案真本二卷/（清）叶桂撰　徐大椿评

073　**中国医学约编**　1938

周禹锡撰

子目：

（1）生理约编

（2）病理约编

（3）诊断约编

（4）药物约编

（5）处方约编

(6) 内科约编
(7) 妇科约编
(8) 儿科约编
(9) 瘟疫约编
(10) 医牍约编

074　**中国医学院讲义五种**　1936

蔡陆仙等编
子目:
(1) 生理卫生学/吴克潜编
(2) 中医生理学/包识生等编
(3) 解剖学/包天白等编
(4) 证象学/包识生编
(5) 病理学/(日)大野章三撰　沈石顽译
(6) 卫生录隽/沈仲圭撰
(7) 药物学/景芸芳编
(8) 方剂学/盛心如编
(9) 伤寒发微/包天白编
(10) 温病学/沈啸谷编
(11) 喉科学/许半龙编
(12) 中国外科学大纲/许半龙编
(13) 伤科/朱寿朋编
(14) 妇科/朱寿朋编

075　**中国医学院讲义十三种**　1937

中国医学院编
子目:
(1) 医学理论/张梦痕编

(2) 药物学/谢斐予编
(3) 时方学/蒋文芳编
(4) 病理学/王润民编
(5) 妇科学/盛心如编
(6) 外科学/许半龙编
(7) 喉科学/许半龙编
(8) 经方学/蔡陆仙编
(9) 温病学/著者佚名
(10) 疡科学/许半龙编
(11) 眼科学/童绍甫编
(12) 上海名医医案汇编/中国医学院编
(13) 治疗学/著者佚名

076 **中国医学院讲义十四种** 1937

吴克潜等编
子目:
(1) 生理卫生学/吴克潜编
(2) 中医生理学/包识生等编
(3) 解剖学/包天白等编
(4) 证象学/包识生编
(5) 病理学/(日)大野章三撰 沈石顽译
(6) 卫生录隽/沈仲圭撰
(7) 药物学/景芸芳编
(8) 方剂学/盛心如编
(9) 伤寒发微/包天白编
(10) 温病学/沈啸谷编
(11) 喉科学/许半龙编
(12) 中国外科学大纲/许半龙编

（13）伤科/朱寿朋编
（14）妇科/朱寿朋编

077　**中国医学院讲义十九种**　1931

中国医学院编
子目：
（1）医学通论/章鹤年撰
（2）中国医学史/盛心如撰
（3）医学常识/章鹤年撰
（4）温病/盛心如撰
（5）传染病/朱寿朋撰
（6）治疗新律/著者佚名
（7）内科医案/著者佚名
（8）温热/盛心如撰
（9）伤寒发微/包天白撰
（10）内科学/蔡陆仙撰
（11）眼科学/著者佚名
（12）外科学/许半龙撰
（13）卫生学/吴克潜撰
（14）药物学/景云芳编
（15）时方学/蔡文芳撰
（16）妇科学/唐吉义撰
（17）解剖学/包天白撰
（18）方剂学/王润民撰
（19）病理学/王润民撰

078　**中国医学精华**　1947

胡光慈撰

子目：
（1）本草新义
（2）历代名医治疗精义

079 中国医药汇海 1936

蔡陆仙编
子目：
（1）神农本草经
（2）黄帝内经附医经精义
（3）难经/（战国）秦越人撰
（4）伤寒杂病论/（汉）张机（仲景）撰
（5）中藏经/（汉）华佗撰
（6）王叔和脉经/（晋）王叔和撰
（7）针灸甲乙经/（晋）皇甫谧撰

080 中国近代医学丛书 1936

上海中医书局编
子目：
（1）中国药物学史纲/何霜梅著
（2）中医学纲要/杨影庐编
（3）内经病机十九条之研究/秦伯未撰
（4）读内经记/秦伯未撰
（5）秦氏内经学/秦伯未撰
（6）内经类证/秦伯未撰
（7）中西汇通简明医学/卜子义撰
（8）经验医库/罗应章撰
（9）中医与自然化学/蒋定英撰
（10）最新实验药物学/温敬修编

（11）药性新赋/谈鸿鋆撰
（12）本草歌诀/吴秉璋撰
（13）中国药物形态学/沈嘉征撰
（14）丸散易知/秦伯未编
（15）证治实验方解/王则樵撰
（16）膏方大全/秦伯未编
（17）（增图考释）推拿法/夏祥宇撰
（18）针灸医案/李长泰撰
（19）燥气总论/陈葆善著
（20）国医舌诊学/邱骏声编
（21）近世牛痘学/黄本然撰
（22）中国痘科学/卜惠一撰
（23）脑膜炎新书/沈朗清编
（24）瘴疟指南/郑全望撰
（25）马培之外科医案/马培之撰
（26）新中医五种/王仁叟撰
（27）药物初阶/翟冷仙撰
（28）难经集义/吴保神编
（29）竹林寺秘传女科/（清）竹林寺僧撰
（30）病家常识/张梦痕撰
（31）中国历代医学之发明/王吉民撰
（32）时病分证表/雷少逸撰
（33）鸦片瘾戒除法/曹炳章撰
（34）瘢疹新论/张希白撰
（35）伤科大成/赵竹泉撰
（36）脉学表解/徐拯民编

081 内外功图说辑要 1918

席裕康编 王知慧绘图

子目：

（1）内外功图说

（2）坐功治病图

（3）五禽舞功法图说

（4）入手秘诀

（5）诸仙导引图

（6）八段锦内功

（7）易筋经外功

（8）奇经八脉考

082 仁寿堂医书四种 1722

编者佚名

子目：

（1）金镜伤寒验证舌法图说/（元）敖氏原撰 杜本增订（明）薛己润图

（2）经验良方

（3）经验良方续

（4）医家要语

083 仁寿镜四卷 1892

（清）孟葑（不病人）编

子目：

（1）宁阃集

（2）宜男集

（3）益母集

（4）保赤集

084 （新刊）仁斋直指 1264

（宋）杨士瀛撰

子目：

(1)（新刊）仁斋直指附遗方论二十六卷

(2)（新刊）医脉真经二卷

(3)（新刊）伤寒类书活人总括七卷

(4)（新刊）仁斋直指小儿附遗方论五卷

085 仁盦医学丛书 1936

又名国医读本、国医基础读本

王一仁撰

子目：

（1）中医系统学

（2）内经读本

（3）难经读本

（4）伤寒读本

（5）金匮读本

（6）饮片新参

（7）神农本草经新注

（8）分类方剂

086 公余十六种 1820

见《南雅堂医书全集》、《陈修园医书十六种》

087 公余医录五种 1820

见《陈修园医书五种》

088 公余医录六种 1820

见《陈修园医书六种》

089 丹溪心法附余 1536

（元）朱震亨（彦修、丹溪）撰 （明）吴中衍辑校

子目：

（1）医学发明/（金）李杲撰

（2）脉诀指掌/（元）朱震亨撰

（3）金匮钩玄三卷/（元）朱震亨撰

（4）证治要诀十二卷/（明）戴原礼撰

（5）活法机要/（元）朱震亨撰

（6）证治要诀类方四卷/（明）戴原礼撰

090 丹溪全书十种 1900

辑者佚名

子目：

（1）局方发挥/（元）朱震亨撰

（2）格致余论/（元）朱震亨撰

（3）丹溪心法三卷/（元）朱震亨撰

（4）脉诀指掌/（元）朱震亨撰

（5）金匮钩玄三卷/（元）朱震亨撰

（6）医学发明/（金）李杲撰

（7）活法机要/（元）朱震亨撰

（8）证治要诀十二卷/（明）戴原礼撰

（9）证治要诀类方四卷/（明）戴原礼撰

（10）医经溯洄集/（元）王履撰

091 **凤氏医书三种** 1866

（清）凤实夫（在元）编

子目：

（1）临证经验方四卷/（清）凤实夫撰

（2）医师秘笈二卷/（清）李言恭传

（3）内科脉镜/著者佚名

092 **六译馆医学丛书** 1913

廖平（季平）撰辑

子目：

（1）黄帝内经明堂一卷附录一卷/（隋）杨上善注

（2）黄帝内经太素诊皮篇补证一卷附古经诊皮名词解一卷释尺二卷附录一卷

（3）杨氏太素诊络篇补证三卷附病表一卷名词解一卷

（4）黄帝太素人迎脉口诊补证二卷

（5）杨氏太素三部九候篇诊法补证附十二经动脉表一卷

（6）诊骨篇补证一卷附中西骨格辨证一卷/（清）刘廷桢撰

（7）诊筋篇补证

（8）营卫运行杨注补证

（9）分方治宜篇

（10）灵素五解篇/廖宗泽撰

（11）平脉考内经平脉考

（12）经脉考证

（13）仲景三部九候诊法附伤寒浅注读法

（14）伤寒总论一卷附太素内经伤寒总论补证一卷太素四时病补证一卷疟解补证一卷伤寒讲义

（15）伤寒平议

（16）伤寒杂病论古本三卷
（17）伤寒古本订补
（18）伤寒古本考
（19）巢氏病源补养宣导法一卷/（隋）巢元方等撰
（20）难经经释补正二卷总论一卷
（21）脉学辑要评三卷
（22）药治通义辑要二卷/（日）丹波元坚撰　廖平节录

093 六经方证通解 1884

（清）唐宗海（容川）撰
子目：
（1）医案类录
（2）医易通说
（3）医易详解

094 六种新编 1850

见《萍乡文氏所刻医书六种》

095 六科证治准绳 1602

（明）王肯堂（宇泰、损庵）辑
子目：
（1）杂症准绳八卷
（2）伤寒准绳八卷
（3）类方准绳八卷
（4）外科准绳六卷
（5）幼科准绳九卷
（6）女科准绳五卷

096　六醴斋医书十种　1794

（清）程永培（瘦樵）编

子目：

（1）褚氏遗书/（南齐）褚澄编

（2）肘后备急方八卷/（晋）葛洪撰

（3）元和纪用经/（唐）王冰撰

（4）苏沈内翰良方十卷/（宋）沈括等撰

（5）十药神书/（元）葛可久编

（6）加减灵秘十八方/（明）胡嗣廉纂

（7）韩氏医通二卷/（明）韩懋撰

（8）痘疹传心录十九卷/（明）朱惠明撰

（9）折肱漫录七卷/（明）黄承昊撰

（10）慎柔五书五卷/（明）胡慎柔述　石震订

097　方药集义阐微　1911

著者佚名

子目：

（1）伤寒新法辑要

（2）六经提纲

（3）伤寒方

（4）金匮方

（5）神农本草经解

（6）本草经疏

（7）本草补遗

（8）医方十剂解

098　心印绀珠经二难宝鉴合刻

（明）李荣（岚溪、樵阳子）编

子目：

（1）心印绀珠经二卷/（明）李汤卿撰　李荣辑校

（2）二难宝鉴二种

099 双梧书屋医书三种 1852

（清）曹禾（畸庵）撰

子目：

（1）疡医雅言十三卷

（2）痘疹索隐

（3）医学读书志二卷附志一卷

五　画

100 正谊堂医书 1886

（清）王廷钰编

子目：

（1）医林字典

（2）读伤寒论歌

（3）外感伤寒证提纲

（4）诸痛证提纲

（5）喉症类集

（6）时疫白喉捷要

（7）生产妙诀十六歌

（8）儿科痘证歌

（9）医学心得

101　世补斋医书　1866

（清）陆懋修（九芝、勉旃、林屋山人）撰

子目：

前集

（1）文集十六卷

（2）不谢方

（3）伤寒论阳明病释四卷

（4）内经运气病释九卷附内经遗篇病释

（5）内经运气表

（6）内经难字音义

后集

（7）（重订）傅青主女科九卷/（清）傅山撰

（8）（重订）戴北山广温热论五卷/（清）戴天章撰

（9）（重订）绮石理虚元鉴五卷/（清）绮石先生撰

（10）（校正）王朴庄伤寒论注六卷/（清）王丙撰　附伤寒论附余二卷/（清）王丙撰

（11）伤寒例新注一卷/（清）王丙撰

（12）读伤寒论新法一卷/（清）王丙撰

（13）回澜说一卷/（清）王丙撰

（14）时节气候诀病法一卷/（清）王丙撰

102　世补斋医书续集　1866

（清）陆懋修（九芝、勉旃、林屋山人）撰

子目：

（1）世补斋医论

（2）世补斋医书刊后续论

（3）世补斋乙酉以后杂识

103 古今名医汇粹古今名医方论合刊 1675

（清）罗美（澹生、东逸）编
子目：
（1）古今名医汇粹八卷/（清）罗美编
（2）古今名医方论四卷

104 古今医学会通 1891

又名医学十种
（原题）华岫云（南田）辑
子目：
（1）颅囟经二卷/著者佚名
（2）卫济宝书二卷/（宋）东轩居士撰
（3）脏腑标本药式/（金）张元素撰
（4）三消论注一卷/（金）刘完素撰 （清）周学海注
（5）诊家枢要/（元）滑寿撰
（6）痎疟论疏/（明）卢之颐撰
（7）金匮钩玄三卷/（元）朱震亨撰
（8）幼科要略二卷/（清）叶桂撰 周学海注
（9）温热论注一卷/（清）叶桂撰 周学海注
（10）客尘医话三卷/（清）计楠辑
（11）太医局诸科程文九卷/（宋）太医局编（清）四库全书馆辑

105 古今医统正脉全书 1601

又名医统正脉全书
（明）王肯堂撰
子目：
（1）黄帝内经素问二十四卷附素问遗篇/（唐）王冰注

(2) 黄帝内经灵枢十二卷
(3) 黄帝针灸甲乙经十二卷/（晋）皇甫谧编
(4) 中藏经八卷/（汉）华佗撰
(5) 脉经十卷/（晋）王叔和撰
(6) 难经本义二卷/（元）滑寿注
(7) 金匮要略方论三卷/（汉）张机撰
(8) 伤寒论十卷/（汉）张机撰　（金）成无己注
(9) 伤寒明理论四卷/（金）成无己撰
(10) 脉诀/（宋）崔嘉彦撰
(11) 类证活人书二十二卷/（宋）朱肱撰
(12) 素问玄机原病式/（金）刘完素撰
(13) 黄帝素问宣明论方十五卷/（金）刘完素撰
(14) 伤寒直格论方三卷/（金）刘完素撰
(15) 伤寒标本心法类萃二卷/（金）刘完素撰
(16) 伤寒心镜/（金）张从正撰　常德编
(17) 伤寒心要/（金）刘完素撰　镏洪编
(18) 素问病机气宜保命集三卷/（金）刘完素撰
(19) 儒门事亲十五卷/（金）张从正撰
(20) 内外伤辨惑论三卷/（金）李杲撰
(21) 脾胃论三卷/（金）李杲撰
(22) 兰室秘藏三卷/（金）李杲撰
(23) 医垒元戎/（元）王好古撰
(24) 此事难知二卷/（元）王好古撰
(25) 汤液本草三卷/（元）王好古编
(26) 癍论萃英/（元）王好古撰
(27) 丹溪心法五卷附录一卷/（元）朱震亨撰
(28) 脉诀指掌病式图说/（金）李杲撰
(29) 格致余论/（元）朱震亨撰

(30) 局方发挥/(元)朱震亨撰
(31) 医学发明/(元)朱震亨撰
(32) 金匮钩玄三卷/(元)朱震亨撰
(33) 活法机要/(元)朱震亨撰
(34) 外科精义二卷/(元)齐德之撰
(35) 医经溯洄集/(元)王履撰
(36) 伤寒医鉴/(元)马宗素撰
(37) 证治要诀十二卷/(明)戴原礼编
(38) 证治要诀类方四卷/(明)戴原礼编
(39) 伤寒琐言/(明)陶华撰
(40) 伤寒家秘的本/(明)陶华撰
(41) 伤寒杀车搥法/(明)陶华撰
(42) 伤寒一提金/(明)陶华撰
(43) 伤寒截江网/(明)陶华撰
(44) 伤寒明理续论/(明)陶华撰

106 古本医学丛刊 1937

张贇臣编
子目:
(1) 腧穴折衷二卷/(日)安井元越著
(2) 幼科发挥二卷/(明)万全撰

107 古训医传 1836

(日)宇津木益夫撰
子目:
(1) 医学警悟六卷
(2) 风寒热病方经篇七卷
(3) 风寒热病方纬篇七卷

(4) 药能篇五卷

108 古疡科三种 1911

辑者佚名

子目:

(1) 古疡科病源论一卷

(2) 九江黄父痈疽论一卷

(3) 孙真人疖肿痈疽论一卷

109 本草伤寒辑要合编 1790

(清) 林玉友 (渠清) 辑

子目:

(1) 本草辑要六卷

(2) 伤寒方论辑要十六卷

(3) 医案一卷/(清) 林玉友撰

110 本草约言 1520

(明) 薛己 (新甫、立斋) 编

子目:

(1) 药性本草二卷

(2) 食物本草二卷

111 本草医方合编 1694

又名医方集解本草备要合刻

(清) 汪昂 (讱庵) 编

子目:

(1) 本草备要八卷

(2) 医方集解三卷

112 石成金医书六种 1709

（清）石成金（天基）撰集

子目：

（1）举业蓓蕾

（2）长寿谱

（3）救命针

（4）食鉴本草

（5）食愈方

（6）秘传延寿单方

113 石室丛抄医书十七种 1910

（清）石顽（更叟）辑

子目：

（1）脉经

（2）伤寒证治

（3）良方汇录附杂录

（4）医学汇编

（5）医林改错

（6）脉诀图证汇参

（7）医学秘书

（8）医学丛抄

（9）王孟英案方

（10）傅青主女科

（11）外科秘方

（12）医原记略

（13）疡科补苴

（14）十二经图并见症用药法

（15）咽喉症类
（16）痧喉症治阐解
（17）医学策问论说

114　石室秘录洞天奥旨合刻　1790

（清）陈士铎（敬之、远公、大雅堂主人）辑
子目：
（1）石室秘录
（2）洞天奥旨

115　平江贺氏汇刊医书五种　1878

（清）贺缙绅编
子目：
（1）福幼编/（清）庄一夔撰
（2）经验方/著者佚名
（3）时疫白喉捷要/（清）张绍修撰
（4）西洋点痘论/（清）邱熺撰
（5）救吞鸦片烟方法/著者佚名

116　平阳府所刻医书六种　1515

辑者佚名
子目：
（1）（新刊）铜人针灸经七卷/（宋）王惟一撰
（2）（新编）西方子明堂灸经八卷/（原题）西方子撰
（3）（新刊）华佗玄门脉诀内照图原题/（魏）华佗撰
（4）养生导引法/著者佚名
（5）锦身机要/（明）混沌子撰
（6）修真秘要/（明）王蔡传

117 **东垣十书** 1529

又名医学十书

（金）李杲（东垣）撰（元）王好古等撰

子目：

（1）脉诀/崔嘉彦撰

（2）局方发挥/（元）朱震亨撰

（3）格致余论/（元）朱震亨撰

（4）内外伤辨惑论三卷/（金）李杲撰

（5）汤液本草三卷/（元）王好古撰

（6）脾胃论三卷/（金）李杲撰

（7）兰室秘藏三卷/（金）李杲撰

（8）此事难知二卷/（元）王好古撰

（9）医经溯洄集/（元）王履撰

（10）外科精义二卷/（元）齐德之撰　附医垒元戎/（元）王好古撰　瘢论萃英/（元）王好古撰

118 **东洞全集** 1917

（日）吉益为则（东洞）著

子目：

（1）医方分量考

（2）东洞先生遗稿

（3）东洞先生问答书

（4）吉益东洞先生遗草

（5）建殊录

（6）方机

（7）方极

（8）类聚方

(9) 医断
(10) 药征
(11) 东洞先生家塾方
(12) 医事或问
(13) 古书医言

119 北平国医学院讲义 1933

北平国医学院编
子目:
(1) 药物学讲义四卷/孟伸三编
(2) 病理学/左季云编
(3) 内科学/周福棠集注

120 叶氏四种 1804

见《钱塘许嗣灿汇辑医书四种》

121 叶氏丛书 1850

见《汉阳叶氏丛刻》

122 田晋蕃医书七种 1879

(清) 田晋蕃(杏邨)撰
子目:
(1) 医经类纂
(2) 内经素问校正
(3) 医稗
(4) 名家杂抄
(5) 田晋蕃日记
(6) 中西医辨

(7) 慎疾格言

123 四生合编 1884

编者佚名

子目:

(1) 达生编/(清)亟斋居士

(2) 生化编

(3) 资生编

(4) 遂生编

124 仙方合集 1850

(清)贾山亭辑

子目:

(1) 大生要旨/(清)唐千顷撰

(2) 遂生编/(清)庄一夔撰

(3) 福幼编/(清)庄一夔撰

(4) 瘟疫论/(明)吴有性撰

125 仪孟园刻医书二种 1887

编者佚名

子目:

(1) 集喉症诸方/(清)黄惺溪编

(2) 娠妇须知/(清)求我斋主人编

126 白嶽盦杂缀医书五种 1887

(清)余懋(啸松)撰

子目:

(1) 万选良方/(清)余懋编

(2) 洄溪秘方/(清) 余懋编
(3) 牛痘要法/(清) 余懋撰
(4) 方解别录/(清) 余懋撰
(5) 推拿别述/(清) 夏鼎撰 余懋编

127 丛书集成初编医书四十一种 1935

商务印书馆辑

子目:

(1) 神农本草经三卷/(魏) 吴普等述 (清) 孙星衍 (清) 孙冯翼辑
(2) 本草衍义二十卷/(宋) 寇宗奭撰
(3) 石药尔雅三卷/(唐) 梅彪辑
(4) 服盐药法一卷/(清) 孙星衍撰
(5) 本心斋疏食谱一卷/(宋) 陈达叟编
(6) 山家清供二卷/(宋) 林洪撰
(7) 饮食须知八卷/(元) 贾铭撰
(8) 养小录三卷/(清) 顾仲撰
(9) 黄帝内经太素三十卷(原佚七卷)/(隋) 杨上善注
(10) 素问玄机原病式一卷/(金) 刘完素撰
(11) 素问病机气宜保命集三卷/(金) 刘完素撰
(12) 窦太师流注指要赋一卷/(金) 窦默撰
(13) 伤寒发微论二卷/(宋) 许叔微撰
(14) (注解) 伤寒百证歌五卷/(宋) 许叔微撰
(15) 伤寒总病论六卷附札记一卷/(宋) 庞安时撰
(16) 阴症略例一卷/(元) 王好古撰
(17) 伤寒论翼二卷/(清) 柯琴撰
(18) 脉诀刊误二卷/(元) 戴启宗撰
(19) 千金宝要六卷/(唐) 孙思邈撰 (宋) 陈思辑

（20）秘制大黄清宁丸方一卷/（清）孙星衍辑
（21）素女方一卷/著者佚名
（22）局方发挥一卷/（元）朱震亨撰
（23）杂类名方一卷/（元）杜思敬辑
（24）云岐子保命集论类要二卷/（元）张璧撰
（25）活法机要一卷/（元）朱震亨撰
（26）秘传证治要诀十二卷/（明）戴原礼撰
（27）治蛊新方一卷/（清）路顺德撰 （清）缪福照重订
（28）海藏瘢论萃英一卷/（元）王好古撰
（29）田氏保婴集一卷/著者佚名
（30）种痘心法一卷/（清）朱奕梁撰
（31）种痘指掌一卷/（清）著者佚名
（32）刘涓子鬼遗方五卷/（宋）龚庆宣撰
（33）外科精义二卷/（元）齐德之撰
（34）一草亭目科全书一卷/（清）邓苑撰
（35）怪疴单一卷/（元）朱震亨撰
（36）医经溯洄集一卷/（元）王履撰
（37）慎疾刍言一卷/（清）徐大椿撰
（38）延寿第一绅言一卷/（宋）愚谷老人撰
（39）摄生消息论一卷/（元）丘处机撰
（40）食色绅言二卷/（明）皆春居士撰
（41）宋提刑洗冤集录五卷附圣朝颁绛新例一卷/（宋）宋慈编/新例（元）口口辑

128 **外科全书十种** 1902

又名高憩云外科全书十种
（清）高思敬（憩云）撰

子目:

（1）外科医镜十二卷

（2）逆证汇录一卷

（3）外科三字经一卷

（4）六气感证一卷

（5）外科问答一卷

（6）运气指掌一卷

（7）五脏六腑图说一卷

（8）脏腑起止歌一卷附井荥俞经合歌一卷

（9）五脏补泻温凉药性歌一卷

（10）三百六十穴歌一卷

129 外科疮疡九种 1911

著者佚名

子目:

（1）外科要方

（2）秘传外科要方

（3）外科选方

（4）外科丸散膏丹

（5）外科十法

（6）外科药方

（7）秘传摘要

（8）外科五脏十二经总论

130 包氏伤寒三种 1914

（清）包桃初（育华）包一虚（识生）合撰

子目:

（1）伤寒论章节

（2）伤寒表
（3）伤寒方法附经方歌括伤寒方加减歌

131　包氏医述 1867

（清）包诚（兴言）编
子目：
（1）广生编一卷
（2）十剂解一卷
（3）十剂表二卷

132　包氏医宗 1930

包育华（桃初）包一虚（识生）撰
子目：
第一集
（1）伤寒论章节
（2）伤寒方法（附歌括）
（3）伤寒表
（4）伤寒论讲义
（5）伤寒方讲义
第二集
（1）杂病论章节
（2）杂病方法
（3）杂病表
（4）杂病论讲义
（5）杂病方讲义
第三集
（1）国医学粹经解
（2）国医学粹脉学

（3）国医学粹证论
（4）国医学粹药性

133 乐只堂医书汇函 1757

（清）何梦瑶撰
子目：
（1）医碥七卷
（2）伤寒论近言七卷
（3）三科辑要六卷

134 主笃庵医书四种 1748

（日）滕懿之撰
子目：
（1）小儿治痢要法
（2）小儿纯阴论
（3）和汉人参考附和汉人参考后编、和汉人参考追加
（4）治痢经验

135 兰陵堂校刊医书三种 1924

萧延平校
子目：
（1）黄帝内经太素/（隋）杨上善撰注
（2）钱氏小儿药证直诀附董氏小儿备急斑疹方论/（宋）钱乙撰 阎孝忠编
（3）小儿卫生总微论方/著者佚名

136 兰溪中医专门学校讲义四种 1932

张山雷（寿颐）编

子目：
(1) 籀簃谈医一得集
(2) 古今医案平议第一种五卷
(3) 古今医案平议第二种三卷
(4) 古今医案平议第三种二卷

137 兰溪中医学校讲义 1917

兰溪公立中医学校编
子目：
(1) 医学易诵随笔/张寿颐撰
(2) 医论存稿/张韵生撰
(3) 组织学讲义/张韵生撰
(4) 药物学讲义/徐芸斋撰
(5) 医纲学讲义/张韵生撰
(6) 重订四言脉诀学要/张寿颐撰
(7) 仲景伤寒论方记诵编/张寿颐撰
(8) 诊断学讲义/张寿颐撰
(9) 古今医案平议三种/张寿颐撰
(10) 本草问答二卷/唐宗海（容川）撰
(11) 沈氏女科辑要义疏/张寿颐撰
(12) 脉学正义四卷/张寿颐撰
(13) 病理学讲义七卷/王寿麟撰
(14) 钱氏小儿药证直诀义疏三卷/张寿颐撰
(15) 疡科纲要二卷/张寿颐撰
(16) 疡科医案平议/张寿颐撰

138 汇刻经验良方 1791

（清）毛世洪（达可、枫山）等编

子目:
(1) 便易经验集
(2) 济世养生集
(3) 敬信录经验方
(4) 经验良方
(5) 续刊经验集
(6) 叶氏经验方
(7) 张氏经验方
(8) 几希录附方

139 汉方医药全书 1929

又名皇汉医药全书
(日) 栗原广三著　吴嘉博译
子目:
(1) 总说
(2) 汉方医术发达史
(3) 病理解说
(4) 药理解说
(5) 药剂理说
(6) 处方解说

140 汉阳叶氏丛刻 1850

又名叶氏丛书
(清) 叶志诜 (廷芳、东卿) 编
子目:
(1) 神农本草经赞附月令七十二候赞
(2) 观身集/ (清) 叶志诜撰
(3) 全身百穴歌/ (明) 陈会撰

(4) 十二经脉络/(清)沈绂撰
(5) 脉象统类/(清)沈金鳌撰
(6) 释骨/(清)沈彤撰
(7) 颐身集五卷/(清)叶志诜撰
(8) 绛囊撮要二卷
(9) 信验方录八卷/(清)卢荫长撰
(10) 五种经验方(原缺)
(11) 咽喉脉证通论一卷/著者佚名

141 冯氏锦囊秘录 1694

(清)冯兆张(楚瞻)撰

子目:

(1) 内经纂要二卷/(清)顾世澄撰
(2) 杂症大小合参十四卷/(清)冯兆张撰
(3) 脉诀纂要/(清)冯兆张撰
(4) 女科精要三卷/(清)冯兆张撰
(5) 外科精要/(清)冯兆张撰
(6) 药按/(清)冯兆张撰
(7) 痘疹全集十五卷/(清)冯兆张撰
(8) 杂症痘疹药性主治合参十二卷/(清)冯兆张撰

142 必用医学须知 1643

(明)余象斗撰

子目:

(1) 王叔和脉诀(节略)/(明)余象斗辑校
(2) 药性赋二卷/(明)刘全备撰
(3) 诸证辨疑四卷/(明)吴球著撰
(4) 医方捷径三卷/(明)王宗显撰

143　**司命秘笈**　1863

原题（唐）孙思邈传　（清）李守永删订

子目：

（1）龙宫三十禁方

（2）华祖外症十方

（3）枕中秘要

144　**民众医药指导丛书**　1935

蔡陆仙著

子目：

第一集

（1）伤寒病问答附中寒伤风病问答

（2）温热病问答

（3）暑湿病问答

（4）燥火病问答

（5）中风病问答

（6）血病问答

第二集

（7）痰饮病问答

（8）虚劳病问答

（9）疟痢病问答

（10）霍乱病问答

（11）时疫病问答

（12）肠胃病问答

第三集

（13）水肿臌胀病问答

（14）内科杂病问答

(15) 妇人科问答
(16) 胎产科问答
(17) 小儿科病问答
(18) 痧疹痘科病问答
第四集
(19) 外科病问答
(20) 咽喉病问答
(21) 眼科鼻齿科问答
(22) 伤科急救科病问答
(23) 性病花柳科病问答
(24) 怪病奇症问答

145 幼科七种大全 1785

又名许氏幼科七种
(清) 许豫和 (宣治、橡村) 撰
子目:
(1) (重订) 幼科痘疹金镜录
(2) 橡村痘诀
(3) 痘诀余义
(4) 怡堂散记
(5) 散记续编
(6) 小儿诸热辨
(7) 橡村治验

146 幼科三种 1904

(明) 翁仲仁 (嘉德) 等撰
子目:
(1) 幼科痘疹金镜录四卷卷首一卷/(明) 翁仲仁撰

(2) 幼科铁镜二卷/(清)夏鼎撰
(3) 小儿推拿广意三卷/(清)熊应雄编

147 **幼科大成** 1777

编者佚名
子目：
(1) 增补痘疹玉髓金镜录四卷/(明)翁仲仁撰
(2) 幼科铁镜二卷/(清)夏鼎撰
(3) 幼科指南四卷/(清)周震撰
(4) 小儿推拿广意三卷/(清)熊应雄编
(5) 福幼编一卷/(清)庄一夔撰
(6) 保婴秘言一卷　著者佚名

148 **幼科大成** 成书年代不详

又名幼科四种
(清)周震(慎斋)编
子目：
(1) 幼科指南
(2) 小儿推拿广意
(3) 福幼编
(4) 保婴秘言

149 **幼科四种** 成书年代不详

见《幼科大成》

150 **幼科汇编** 1913

萧绍渠编
子目：
(1) 幼幼集成

（2）达生编
（3）遂生编
（4）福幼编
（5）引痘新法

六 画

151 西洋引痘四言脉诀合编 1911

编者佚名
子目：
（1）西洋引痘
（2）四言脉诀合编

152 百病自疗丛书 1931

朱振声编
子目：
（1）吐血自疗法
（2）咳嗽自疗法
（3）哮喘自疗法
（4）遗精自疗法
（5）淋浊自疗法
（6）月经病自疗法
（7）肝气自疗法
（8）白带自疗法
（9）血崩自疗法

153　存存汇集医学易读　1849

（清）王锡鑫（文选）撰

子目：

（1）存存汇集二卷

（2）日月眼科

（3）针灸便览

154　针方六集　1618

（明）吴昆（山甫、鹤皋山人）撰

子目：

（1）神照集

（2）开蒙集

（3）尊经集

（4）旁通集

（5）纷署集

（6）兼罗集

155　达生保赤合编　1841

（清）余二田编

子目：

（1）达生篇二卷

（2）保赤篇二卷

156　达生遂生福幼合编　1777

见《慈幼新书三种》

157　当归草堂医学丛书初编　1878

又名医学丛书初编

（清）丁丙（嘉鱼、松生）编

子目：

（1）颅囟经二卷/（宋）著者佚名

（2）传信适用方四卷/（宋）吴彦夔撰

（3）卫济宝书二卷/（宋）东轩居士撰

（4）太医局诸科程文九卷/（宋）太医局编

（5）产育宝庆集方二卷/（宋）李师圣等编

（6）济生方八卷/（宋）严用和撰

（7）产宝诸方/著者佚名

（8）急救仙方六卷/著者佚名

（9）瑞竹堂经验方五卷/（元）沙图穆苏撰

（10）痎疟论疏/（明）卢之颐撰

（11）铜人针灸经七卷/（宋）撰者佚名　附校勘记一卷/（清）冯一梅撰

（12）西方子明堂灸经八卷附校勘记一卷（原题西方子撰校勘记）/（清）冯一梅撰

158　同仁堂秘授喉科十八症尤氏秘传喉科真本喉科全书　1667

著者佚名

子目：

（1）同仁堂秘授喉科十八症

（2）尤氏秘传喉科真本

（3）喉科全书

159　回春丹　1885

（清）陈昆季编

子目：

（1）经验良方/著者佚名

（2）达生编/（清）亟斋居士撰
（3）福幼编/（清）庄一夔撰

160 **回春集** 1880

（清）周镇　陈锐基辑
子目：
（1）医学三字经四卷/（清）陈念祖撰
（2）四圣心源十卷/（清）黄元御撰
（3）伤寒论浅注六卷/（清）陈念祖注
（4）金匮要略浅注十卷/（清）陈念祖注
（5）温病条辨六卷卷首一卷/（清）吴瑭撰
（6）四圣悬枢五卷/（清）黄元御撰
（7）外科证治全生集（节录）/（清）王维德编　陈锐基辑

161 **回澜社医书** 1929

汪绍达辑
子目：
（1）叶天士家传秘诀/（清）叶桂撰
（2）慎疾刍言/（清）徐大椿撰
（3）李翁医记二卷/（清）焦循撰
（4）医事启源/（日）今邨亮撰

162 **朱氏实法等三种** 1883

（清）朱廷嘉（心柏）撰
子目：
（1）朱氏实法四卷
（2）伤寒科一卷

（3）幼科五卷

163　**竹林寺三禅师女科三种**　1786

又名胎产新书

（清）竹林寺僧撰　吴煜校订

子目：

（1）女科秘要八卷/（清释）静光禅师考定

（2）女科秘旨八卷/（清释）轮应禅师撰

（3）女科旨要四卷/（清释）雪岩禅师增广

164　**竹斋医学丛刊**　1936

黄维翰（竹斋）撰

子目：

（1）周官医师辑注

（2）关中历代名医传

（3）伤寒杂病论集注序

（4）校订伤寒病论读本绪言

（5）经方药性辨序

（6）针灸经穴图考序

（7）灸法辑要序

（8）内经类编序

（9）国医大学等级年限资格科目教材标准草案

（10）中央国医馆第二届全国医药界代表大会提案三则

（11）审查统一病名草案意见书

（12）修订国医公报简章

（13）谒南阳医圣张仲景祀墓记

（14）宁波访求仲景遗书记

（15）中华医药学术发明于三皇说

(16) 西医谓伤寒为肠窒扶斯之讨论
(17) 疟疾原因中西不同之讨论
(18) 西京药业公会演讲词

165 传家至宝 1777

见《庄氏慈幼二书》

166 仲景全书 1599

(汉) 张机等原撰 (明) 赵开美编
子目:
(1) 伤寒论十卷/ (汉) 张机撰
(2) 注解伤寒论十卷/ (金) 成无已注
(3) 伤寒类证三卷/ (金) 宋云公撰
(4) 金匮要略方论三卷/ (汉) 张机撰

167 仲景全书 1668

(汉) 张机 (仲景) 原撰 编者佚名
子目:
(1) 集注伤寒论十卷/ (明) 张卿子参注
(2) 金匮要略方论三卷/ (汉) 张机撰
(3) 伤寒类证三卷/ (金) 宋云公撰
(4) 运气掌诀录一卷/ (清) 曹乐斋撰
(5) 伤寒明理论三卷/ (金) 成无已撰

168 伤科方书六种 1879

(清) 胡松等编
子目:
(1) 金龙师治跌打方

(2) 秘传药书
(3) 吴师真授跌打法门
(4) 跌打损伤验方
(5) 跌打伤科

169 伤寒三书合璧 1760

(清) 顾沧筹编
子目:
(1) 伤寒舌辨二卷/(明) 申斗垣撰
(2) 伤寒琐言二卷/(明) 陶华撰
(3) 伤寒方法二卷/(清) 王子接注

170 伤寒大成 1665

(清) 张璐 (路玉、石顽老人) 等撰
子目:
(1) 伤寒缵论二卷/(清) 张璐撰
(2) 伤寒绪纶二卷/(清) 张璐撰
(3) 诊宗三昧/(清) 张登编
(4) 伤寒舌鉴/(清) 张登撰
(5) 伤寒兼证析义/(清) 张倬撰

171 伤寒六书 1445

(明) 陶华 (尚文、节庵) 撰
子目:
(1) 伤寒家秘的本一卷
(2) 伤寒明理续论一卷
(3) 伤寒琐言一卷
(4) 伤寒杀车槌法一卷

（5）伤寒一提金启蒙一卷
（6）伤寒证脉截江网一卷

172　伤寒舌鉴眼科捷径合刻　1788

（清）张登等原著
子目：
（1）伤寒舌鉴一卷/张登著
（2）眼科捷径一卷/著者佚名

173　伤寒全书　1601

（汉）张机等原撰
子目：
（1）注解伤寒论十卷/（金）成无已注
（2）伤寒明理论四卷/（金）成无已撰
（3）金匮要略三卷/（汉）张机撰
（4）（增注）类证活人书二十二卷/（宋）朱肱撰

174　伤寒论本义金匮要略方论本义合刻　1724

（清）魏荔彤（念庭、赓虞）编注
子目：
（1）伤寒论本义
（2）金匮要略方论本义

175　伤寒论注来苏集八卷　1706

（清）柯琴撰
子目：
（1）伤寒论注四卷
（2）伤寒论翼二卷

（3）伤寒附翼二卷

176　**伤寒论著三种**

（明）方有执（中行）等撰

子目：

（1）伤寒论条辨八卷/（明）方有执撰

（2）尚论篇八卷/（清）喻昌撰

（3）伤寒论翼二卷/（清）柯琴撰

177　**伤寒尚论篇全书**　1667

（清）徐彬（忠可）编撰

子目：

（1）尚论篇四卷/喻昌撰

（2）伤寒尚论篇编次仲景原文一卷/喻昌撰

（3）伤寒百十三方发明一卷/徐彬撰

（4）伤寒抉疑一卷/徐彬撰

（5）伤寒图论一卷/徐彬撰

178　**伤寒痘疹辨证**　1678

又名伤寒痘疹辨证合编

（清）陈尧道（素中）撰

子目：

（1）伤寒辨证

（2）痘科辨证

（3）疹科辨证

179　**伤寒痘疹辨证合编**　1678

见《伤寒痘疹辨证》

180 伤寒辨证集解等四种 1874

（清）黄钰（宝臣）编
子目：
（1）本经便读四卷
（2）脉法歌括一卷
（3）经方歌括二卷
（4）伤寒辨证解八卷

181 合并脉诀难经太素评林 1599

（明）王文洁（冰鉴、无为子）评注
子目：
（1）锲王氏秘传叔和图注释义脉诀评林捷统宗八卷
（2）王氏秘传图注八十一难经评林捷统宗六卷

182 合刻医书二种 1578

（明）李维桢编
子目：
（1）玉机微义五十卷/（明）徐用诚撰 （明）刘纯续增
（2）医学正传/（明）虞抟撰

183 合镌增补士材三书 1667

见《士材三书》

184 庄氏慈幼二书 1777

又名保赤联珠、遂生福幼合编、传家至宝、千金至宝
（清）庄一夔撰
子目：
（1）遂生编

（2）福幼编

185 **刘氏四种** 1509

又名明刊医书四种
（明）刘全备等撰
子目：
（1）病机赋/（明）刘全备撰
（2）药性赋/（明）刘全备撰
（3）伤寒琐言/（明）陶华撰
（4）便产须知/（明）高懋斋编

186 **刘河间伤寒三书** 1186

（金）刘完素（守真、河间居士、通玄处士）撰
子目：
（1）黄帝素问宣明论方十五卷/（金）刘完素撰
（2）（新刊）注释素问玄机原病式/（金）刘完素撰 （元）薛时平注
（3）素问病机气宜保命集三卷/（金）刘完素撰

187 **刘河间伤寒六书** 1373

见《刘河间医学六书》

188 **刘河间医学六书** 1373

又名刘河间伤寒六书
（金）刘完素（守真、河间居士、通玄处士）撰
子目：
（1）黄帝素问宣明论方十五卷/（金）刘完素撰
（2）素问玄机原病式/（金）刘完素撰

(3) 素问病机气宜保命集三卷/（金）刘完素撰

(4) 伤寒直格论方三卷/（金）刘完素撰

(5) 伤寒标本心法类萃二卷/（金）刘完素撰

(6) 刘河间伤寒医鉴/（元）马宗素撰　附伤寒心要/（明）镏洪编　附张子和伤寒心镜别集/（金）张从正撰　常德编

189　齐氏医书三种　1836

（清）齐秉慧（有堂）撰

子目：

(1) 医门十劝一卷

(2) 齐氏医秘二卷

(3) 齐氏医案六卷

190　齐氏医书四种　1806

（清）齐秉慧（有堂）撰

子目：

(1) 医案

(2) 家传医秘

(3) 痢症汇参

(4) 痘麻医案

191　产科四种　1730

编者佚名

子目：

(1) 胎产心法三卷/（清）阎纯玺编

(2) 胎产秘书三卷/（清）何荣编

(3) 达生编/（清）亟斋居士撰

（4）大生要旨／（清）唐千顷撰

192　汲古医学丛书　1935

张骥编

子目：

（1）内经药瀹十卷

（2）内经方集解二卷

（3）难经正本

（4）难经丛考

（5）伤寒脉证式八卷

（6）金匮正本三卷

（7）医古微

（8）周礼医师补注

（9）左氏秦和传补注

（10）史记扁鹊仓公列传补注三卷

（11）汉书艺文志方技补注二卷

（12）后汉书华佗传补注

（13）子华子医道篇注

（14）唐本千金方序列注

（15）宋本千金妇人方注

（16）宋本小儿直诀注三卷

（17）雷公炮炙论三卷附录一卷

（18）医学三字经合编二卷

（19）医古文选评附春温三字诀

（20）痢症三字诀

193　汤头钱数抉微　1694

又名章氏重订补注汤头歌括

（清）汪昂（讱庵）撰　章纳川补注

子目：

（1）汤头钱数一卷/章纳川撰

（2）汤头歌诀一卷/（清）汪昂撰　章纳川补注

（3）（新加）温病汤头歌诀/章纳川撰

（4）药性赋/（金）李东垣撰

（5）经络歌诀/（清）汪昂撰

（6）章氏医案/章纳川撰

194　**安老怀幼书四卷**　1498

（明）刘宇编

子目：

（1）安老书三卷/（宋）陈直撰　（元）邹铉续增

（2）怀幼书/（明）娄子贞撰

195　**安定养花庐医药丛书**　1935

胡济川编

子目：

（1）温病条辨方论新诗诀

（2）各经补泻凉温药队新诗诀

196　**许氏幼科七种**　1785

见《幼科七种大全》

197　**聿修堂丛书**　1884

见《聿修堂医学丛书》

198　**聿修堂医学丛书**　1884

又名聿修堂丛书

（日）丹波元简（廉夫）等撰 （清）杨守敬辑

子目：

（1）素问识八卷/（日）丹波元简撰

（2）难经疏证二卷/（日）丹波元胤撰

（3）伤寒论辑义七卷/（日）丹波元简撰

（4）伤寒论述义五卷/（日）丹波元坚撰

（5）伤寒论广要十二卷/（日）丹波元坚撰

（6）金匮要略辑义六卷/（日）丹波元简撰

（7）金匮述义三卷/（日）丹波元坚撰

（8）药治通义十二卷/（日）丹波元坚撰

（9）脉学辑要三卷/（日）丹波元简撰

（10）救急选方二卷/（日）丹波元简撰

（11）医賸三卷/（日）丹波元简撰

（12）医抄/（日）丹波雅忠撰

（13）经穴纂要五卷/（日）小阪元祐撰

199 妇科秘方胎产护生篇 1798

（清）竹林寺僧撰 李长科（小有）编

子目：

（1）妇科秘方/（清）竹林寺僧撰

（2）胎产护生篇/李长科撰

200 妇婴三书 1773

（清）沈金鳌（芊绿、汲门、尊生老人） 强健撰

子目：

（1）妇科玉尺六卷/（清）沈金鳌撰

（2）幼科释谜六卷/（清）沈金鳌撰

（3）痘症宝筏六卷/（清）强健撰

201 **妇婴至宝** 1796

（清）徐忕杠（尚慧）编

子目：

（1）达生篇四卷/（清）亟斋居士撰

（2）种痘法一卷/（清）毓兰居士辑

（3）福幼编一卷/（清）庄一夔撰

（4）遂生编痘科治法一卷/（清）庄一夔撰

（5）推拿摘要辨证指南一卷/（清）王兆鳌重校

202 **妇婴宝鉴** 1871

（清）翟宗发辑

子目：

（1）达生编/（清）亟斋居士撰

（2）遂生编/（清）庄一夔撰

（3）福幼编/（清）庄一夔撰

203 **好瘘遗书** 1913

顾苍竹撰

子目：

（1）汤药歌诀一卷

（2）痘疹一卷

（3）儿科一卷

204 **观身集** 1850

（清）叶志诜编

子目：

（1）全身百穴歌/（明）陈会撰

(2) 十二经脉络/(清)沈绂撰
(3) 脉象统类/(清)沈金鳌撰
(4) 释骨/(清)沈彤撰

205 **孙丰年先生幼科三种** 1785

(清)孙丰年(际康)撰
子目:
(1) 幼儿杂症说要
(2) 治痘汤丸说要
(3) 治痘药性说要

206 **孙氏医学丛书** 1932

(清)孙鼎宜编
子目:
(1) 伤寒杂病论章句十六卷
(2) 伤寒杂病论读本三卷
(3) 难经章句三卷卷末一卷
(4) 明堂孔穴一卷附针灸治要一卷
(5) 脉经钞二卷卷末一卷
(6) 医学三言一卷

七 画

207 **寿世刍言** 1934

秦禹(拜言)撰
子目:
(1) 全国名药

(2) 药性歌诀
(3) 药理浅说
(4) 夏秋自卫

208 寿世汇编 1867

又名增辑普济应验良方
(清) 祝韵梅 (连理薇馆主人) 编
子目:
(1) 普济应验良方八卷/ (清) 德轩氏编
(2) 达生编一卷/ (清) 亟斋居士撰
(3) 福幼编一卷/ (清) 庄一夔撰
(4) 遂生编一卷/ (清) 庄一夔撰
(5) 时疫白喉捷要一卷/ (清) 张绍修撰

209 寿世秘典 1661

(清) 丁其誉 (蜚公) 编
子目:
(1) 月览一卷
(2) 调摄一卷
(3) 类物二卷
(4) 集方四卷

210 寿世编 1891

(清) 佚名辑　(清) 汪沅校语
子目:
(1) 达生篇一卷/ (清) 亟斋居士编 (清) 三农老人注
(2) 保婴篇一卷/ (清) 毓兰居士辑
(3) 福幼编一卷/ (清) 庄一夔撰

(4) 救急篇一卷/(清)兰圃顾氏编

211 寿世新方二种 1847

(清)王锡鑫撰

子目:

(1) 亚拙医鉴

(2) 方便一书

212 寿芝医略 1867

(清)王廷俊(寿芝)撰

子目:

(1) 类经纂要/(清)虞痒编 (清)王廷俊增注

(2) 难经摘抄/(清)王廷俊抄录

(3) 寿芝医案/(清)王廷俊撰

213 寿养丛书 1593

(明)胡文焕(德甫、全庵、抱琴居士)校刊

子目:

(1) 三元延寿参贊书五卷/(元)李鹏飞撰

(2) 养生类纂二卷/(宋)周守忠撰

(3) 养生月览二卷/(宋)周守忠编

(4) 摄生集览/(明)胡文焕编

(5) 摄生要义/(明)河滨丈人撰

(6) 类修要诀二卷/(明)胡文焕编

(7) 厚生训纂/(明)周臣编

(8) 山居四要五卷/(明)汪汝懋撰

(9) 寿亲养老书/(宋)陈直撰

(10) 食物本草二卷/(明)胡文焕编

(11) 食鉴本草二卷/（明）宁原撰
(12) 养生食忌/（明）胡文焕编
(13) 养生导引法/（明）胡文焕编
(14) 保生心鉴/（明）铁峰居士编
(15) 修真秘要/（明）王蔡编
(16) 锦身机要/（明）混沌子撰

214 寿养丛书十八种 1593

（明）胡文焕（德甫、全庵、抱琴居士）辑

子目：

(1) 轩辕黄帝治病秘法一卷
(2) 内经五脏六腑说一卷
(3) 华陀内照经一卷
(4) 褚氏遗书一卷/（南齐）褚澄撰
(5) 寿亲养老书一卷/（宋）陈直撰
(6) 海上仙方二卷/（宋）温大明撰
(7) 孙真人海上仙方后集一卷/（宋）温大明撰
(8) 药性赋二卷/（金）李杲撰
(9) 医学要数一卷/（明）胡文焕撰
(10) 医学碎金四卷/（明）周礼撰
(11) 医学枢舆一卷/（明）胡文焕撰
(12) 医学便览四卷/（明）解桢撰
(13) 灵枢心得二卷/（明）胡文焕撰
(14) 素问心得二卷/（明）胡文焕撰
(15) 脉诀一卷/（宋）崔嘉彦撰
(16) 食物本草二卷/（明）胡文焕撰
(17) 食鉴本草二卷/（明）宁源撰
(18) 救荒本草应急良方一卷/（明）胡文焕撰

215 寿养丛书选抄三种 1592

（明）胡文焕（德甫、全庵、抱琴居士）编

子目：

（1）寿亲养老书/（宋）陈直撰

（2）医学权舆/（明）胡文焕节抄

（3）脉诀/（宋）崔嘉彦撰

216 寿康之路 1947

何舒（笛心）撰

子目：

（1）病因证治问答一卷

（2）脉学纲要三卷

（3）本草法语附一卷补遗一卷

（4）病理方药汇参二卷

（5）研方必读三卷

（6）伤寒金匮方易解二卷

（7）时病精要便读一卷

（8）医门法律续编一卷

217 赤水玄珠全集 1573

（明）孙一奎（文垣、东宿、生生子）撰

子目：

（1）赤水玄珠三十卷

（2）医旨绪余二卷

（3）三吴医案二卷

（4）新都医案二卷

（5）宜兴医案

218 却病延年全书 1689

（清）崔澹庵辑　刘学博编

子目：

（1）丹经宝筏

（2）运气纪要

（3）脉理阐微

（4）经络图解

（5）病能口问

（6）百病瞭然

（7）古今名方

（8）分病药性

219 芷园医种子 1620

又名医种子

（明）卢复（不远）编

子目：

（1）医经种子（难经、神农本草经）

（2）医论种子（伤寒论、金匮要略）

（3）医方种子（伤寒方、金匮方）

（4）医案种子（扁鹊传验案、仓公传验案）

220 芷园臆草 1736

又名医种子

（明）卢复（不远）编

子目：

（1）芷园臆草覆余

（2）芷园臆草题药

（3）芷园臆草勘方
（4）芷园臆草存案
（5）芷园日记

221 **芹际医书十三种** 1937

力钧辑
子目：
（1）内经全注
（2）难经佚文唐本伤寒佚文
（3）唐本伤寒论
（4）唐本伤寒论异文
（5）全本伤寒论原文
（6）外科辨证目录
（7）悬壶须知/（原题）永福辑
（8）蕊珠集论节要/（元）王珪撰 （清）力钧节要
（9）阴证略例/（元）王好古撰
（10）养生方辑本
（11）痘疹正宗/（清）宋麟祥撰
（12）痘疹发明
（13）痘疹异同求是

222 **杜钟骏医书五种** 1908

又名药园医书五种
（清）杜钟骏（子良）撰
子目：
（1）药园医案
（2）管窥一得
（3）白喉问答

（4）扶瘾刍言
（5）德宗请脉记

223 杏轩医案 1804

又名程杏轩医案
（清）程文囿（杏轩、观泉）撰
子目：
（1）医案初集
（2）医案续录
（3）医案辑录

224 杏林丛书 1926

（日）富士川游等编
子目：
（1）本朝医谈
（2）本朝医家古籍考
（3）病草纸
（4）新撰病草纸
（5）形影夜话
（6）医谈抄
（7）兰译梯航
（8）杏林内省录
（9）古今医苦知
（10）蓝学事始
（11）时还读我书
（12）东门随笔
（13）师谈录
（14）习医先入

(15) 医家初训
(16) 醍醐随笔
(17) 橘黄年谱抄
(18) 静乃石屋
(19) 松荫医谈
(20) 医门俗说辨
(21) 奇魂
(22) 医方正传
(23) 鹿门随笔
(24) 兰轩医谈
(25) 游相医话
(26) 北窗琐谈
(27) 一夕医话
(28) 居家远志

225 杨仁斋著作三种 1264

(宋) 杨士瀛 (仁斋) 撰
子目:
(1) 伤寒类书活人总括七卷
(2) 仁斋小儿方论五卷
(3) 仁斋直指方论二十六卷

226 李士材医书二种 1642

(明) 李中梓 (士材、念莪、尽凡居士) 撰
子目:
(1) (删补) 颐生微论四卷
(2) 内经知要二卷

227　李自求抄医书四种　1894

（清）李自求辑抄
子目：
（1）脉学脉诀
（2）妇科产前
（3）妇科产后
（4）家传经验良方

228　医门五百证　1942

仇寯（即吾）编
子目：
（1）医门百家姓二卷
（2）五百证备用方二卷

229　医门秘籍良方验案　成书年代不详

（清）顾大田撰
子目：
（1）医门秘籍
（2）良方验案

230　医门棒喝　1825

（清）章楠（虚谷）撰
子目：
（1）医论四卷
（2）伤寒论本旨九卷

231　医门普度　1642

编者佚名　（清）龚绍林评阅　杨大任　陈元同校

子目：
（1）温疫论二卷/（明）吴有性撰
（2）痢疾论四卷/（清）孔毓礼撰

232 医方六种 1911

著者佚名
子目：
（1）海上方/（唐）孙思邈撰
（2）时疫白喉捷要/（清）张绍修撰
（3）痧症方/著者佚名
（4）治鼠疫传染良方/（清）吴宣崇撰
（5）验方/著者佚名
（6）简便应验奇方/（清）董厚堂撰

233 医方全书 1751

（清）何梦瑶（报之、西池）撰
子目：
（1）神效脚气秘方四卷
（2）追痨仙方二卷
（3）妇科良方
（4）幼科良方
（5）痘疹良方
（6）何氏医碥七卷

234 医方全书五种 1694

（清）黄花馆辑
子目：
（1）奇经八脉考二卷/（明）李时珍撰

(2) 脉诀考证/(明)李时珍撰
(3) 濒湖脉学/(明)李时珍撰
(4) 本草备要四卷/(清)汪昂撰
(5) 医方集解三十三卷/(清)汪昂撰

235　医方药性合编四卷　1644

明太医院原本罗必炜参订
子目:
(1) 太医院增补医方捷径二卷
(2) 太医院增补青囊药性赋直解二卷

236　医方药性捷径合编　1644

(清)王汝谦(镜堂)编
子目:
(1) 青囊药性赋直解五卷/原题(金)李杲编
(2) 医方捷径四卷/(明)王宗显撰
(3) 四言举要/(宋)崔嘉彦撰　(明)李言闻删补

237　医方集解本草备要合刻　1694

见《本草医方合编》

238　医方撰要五书　1644

辑者佚名
子目:
(1) 活人指掌
(2) 诸病论
(3) 难经
(4) 药性赋

（5）用药歌诀

239 医书三种 1882

辑者佚名

子目：

（1）良方集腋二卷附一卷/（清）谢元庆撰

（2）良方集腋合璧二卷附一卷/（清）谢元庆撰

（3）妇婴至宝一卷/原题（清）亟斋居士编　潘理斋增补

240 医书六种 1908

著者佚名

子目：

（1）药性赋

（2）诸病论

（3）伤寒赋

（4）用药歌诀

（5）王叔和脉赋

（6）难经

241 医书四种 1883

著者佚名

子目：

（1）外科证治全生集一卷/（清）王维德撰

（2）咽喉秘集二卷/海山仙馆编

（3）痧症全书三卷/（清）王凯编

（4）异授眼科一卷/（清）李涿鹿传

242 医书四种 1911

著者佚名

子目：
（1）医学三字经
（2）叶天士医案
（3）伤寒瘟疫论
（4）陈修园医选

243 医书杂抄 1948

季念如编
子目：
（1）医学三字经/（清）陈念祖撰
（2）医学举要/徐镛撰
（3）时病论撮要/著者佚名
（4）本草撮要/著者佚名
（5）本草问答/著者佚名
（6）产后用药十误/著者佚名
（7）方剂/著者佚名
（8）杂抄/著者佚名

244 医古微 1935

张骥（先识）编
子目：
（1）周礼医师补注
（2）左氏秦和传补注
（3）史记扁仓传补注三卷
（4）汉书艺文志补注二卷
（5）后汉书华佗传补注三卷
（6）子华子医道篇注

245 医四书 1620

（明）许兆祯（培元）撰

子目：

（1）诊翼二卷

（2）药准二卷

（3）方纪二卷

（4）医镜二卷

246 医约便读 1913

黄在福（介甫）撰

子目：

（1）望闻问切歌

（2）药性歌

（3）医学三字经

（4）时方十剂歌括

（5）三字经医方歌括

247 医苑 1875

著者佚名

子目：

（1）玉函经三卷/（唐）杜光庭撰

（2）注解胎产大通论/（梁）杨子健撰（宋）张声道注

（3）秘传离娄经/著者佚名

（4）小儿痘疹经验良方/（清）魏用君编

（5）医萃/（明）肖昂撰

（6）医抄（玉笈方抄、经验方抄）/著者佚名

（7）胤嗣录/（明）刘玚撰

（8）轩辕黄帝补生后嗣论/著者佚名

248 **医林指月** 1767

（清）王琦（载韩、琢崖、胥山老人）编

子目：

（1）医学真传/（清）高世栻撰

（2）质疑录/（明）张介宾撰

（3）医家心法/（清）高鼓峰撰

（4）易氏医案/（明）易大艮撰

（5）芷园臆草存案/（明）卢复撰

（6）伤寒金镜录/（元）杜本编

（7）痎疟论疏附痎疟疏方/（明）卢之颐撰

（8）达生篇二卷/（清）亟斋居士撰

（9）扁鹊心书三卷附神方一卷/原题（战国）扁鹊传（宋）窦材编

（10）本草崇原三卷/（清）张志聪撰　高世栻辑编

（11）侣山堂类辨二卷/（清）张志聪撰

（12）学古诊则四卷/（明）卢之颐编

249 **医林棒睡等三种** 1793

（清）贺勗编

子目：

（1）医林棒睡三卷

（2）医论/贺大文撰

（3）脉法悟宗一卷/贺大文撰

250 **医述** 1826

（清）程文囿（杏轩、观泉）撰

子目：
（1）医学溯源二卷
（2）伤寒提钩二卷
（3）伤寒析疑四卷
（4）杂证汇参八卷
（5）女科原旨
（6）幼科集要
（7）痘疹精华
（8）方药备考

251 医征 1693

（清）沈明宗（目南、秋湄）撰
子目：
（1）金匮要略编注二十四卷
（2）伤寒六经纂注二十四卷
（3）温热病论二卷
（4）虚劳内伤二卷
（5）女科附翼一卷附客窗偶谈一卷

252 医学十书 1529

见《东垣十书》

253 医学十种 1891

见《古今医学会通》

254 医学三书 1883

又名雷氏三种、雷氏慎修堂医书三种
（清）雷丰（少逸）等撰

子目：
(1) 时病论八卷/（清）雷丰撰
(2) 医家四要四卷/（清）程曦等撰
(3) 脉诀入门
(4) 病机约论
(5) 方歌别类
(6) 药赋新编
(7) 医法心传/（清）程芝田撰

255 医学三书合刻 1875

（清）徐大椿（灵胎）撰
子目：
(1) 慎疾刍言/（清）徐大椿撰
(2) 洄溪医案/（清）徐大椿撰
(3) 经验方

256 医学大意 1936

杨叔澄编
子目：
(1) 医学三字经
(2) 医学实在易
(3) 温病条辨
(4) 濒湖脉学
(5) 医学源流论附解产难、解儿难

257 医学五则 1847

（清）廖云溪编
子目：
(1) 医门初步

（2）药性简要
（3）汤头歌括
（4）切总伤寒
（5）增补脉诀

258 **医学切要全集十二种** 1847

（清）王锡鑫（文选）撰
子目：
（1）经络脉诀
（2）药性弹词
（3）景岳八略
（4）看病歌诀
（5）汤头诸歌
（6）医门八法
（7）眼科切要
（8）痘科切要
（9）外科切要
（10）奇方纂要
（11）幼科切要
（12）医学一统

259 **医学切要全集三种** 1847

（清）王锡鑫（文选）撰
子目：
（1）医学切要一卷
（2）痘科切要一卷
（3）外科切要一卷

260 **医学切要全集六种** 1847

（清）王锡鑫（文选）撰

子目：

（1）医学切要

（2）眼科切要

（3）幼科切要

（4）痘科切要

（5）外科切要

（6）奇方纂要附医学一统/（清）黄为良撰

261 **医学六经** 1550

（明）顾从德编

子目：

（1）重广补注黄帝内经素问二十四卷

（2）黄帝素问灵枢经十二卷

（3）针灸甲乙经十二卷

（4）难经本义二卷

（5）脉经十卷

（6）华先生中藏经八卷

262 **医学六要** 1609

又名医学准绳六要

（明）张三锡（叔承、嗣泉）王肯堂（宇泰、损庵）撰

子目：

（1）经络考

（2）四诊法

（3）病机部

(4) 治法汇
(5) 本草选
(6) 运气略

263 医学六种 1863

(清) 屠燮臣 (道和) 撰
子目:
(1) 本草汇纂三卷
(2) 脉诀汇纂二卷
(3) 药性主治一卷
(4) 分类主治一卷
(5) 杂证良方二卷
(6) 妇婴良方二卷

264 医学四要 1644

(明) 张文介等撰
子目:
(1) 医书要字音释 (又名医书字要) /张尚玄辑注
(2) 医家秘法 (又名制药秘传) / (明) 张文介辑
(3) 金闺秘方题紫薇山堂/玉泉子辑
(4) 救急秘传新方/ (明) 张文介辑

265 医学四要 1812

(清) 蔡贻绩 (乃庵) 编
子目:
(1) 医学指要六卷
(2) 伤寒瘟疫抉要五卷
(3) 内伤集要六卷

（4）医会元要

266　医学汇编三种　1912

冠时编

子目：

（1）沈读伤寒论

（2）金匮杂病论

（3）证治家言

267　医学阶梯修事指南合刻　1704

（清）张叡（仲岩）撰

子目：

（1）医学阶梯

（2）修事指南

268　医学丛书初编　1878

见《当归草堂医学丛书初编》

269　医学折衷　成书于清末

（清）方孝基编

子目：

（1）本草六卷

（2）伤寒十四卷

（3）杂症二十四卷

（4）名方二十二卷

（5）妇科四卷

（6）幼科六卷

（7）外科八卷

270 医学初阶 1908

（清）严嶽莲编

子目：

（1）本经逢原四卷/（清）张璐撰

（2）伤寒论浅注方论合编/（清）陈念祖注

（3）金匮要略浅注方论合编/（清）陈念祖注

（4）温病条辨六卷卷首一卷/（清）吴瑭撰

271 医学述闻 1937

徐了缘著

子目：

（1）感证简易编

（2）医门指导

（3）感证分经举例

（4）时症指掌一览表

（5）时方治法歌括

（6）成方利用歌诀

（7）沈氏伤科秘传

272 医学易知 1919

又名学医捷径

中华书局编

子目：

（1）药性易知

（2）脉法易知

（3）内科易知

（4）妇科易知

（5）儿科易知
（6）外科易知
（7）眼科易知
（8）急救易知
（9）兽医易知
（10）良方汇选
（11）推拿易知
（12）花柳易知
（13）针灸易知

273 医学质验义集 1795

（日）片仓元周撰
子目：
（1）产科发蒙六卷
（2）霉疠新书二册
（3）静俭堂治验三册
（4）伤寒启微三册
（5）青囊琐探二册

274 医学要数太素脉诀合刊 1644

著者佚名
子目：
（1）医学要数
（2）太素脉诀

275 医学研悦 1626

又名秘传医奥
（明）李盛春编

子目：

（1）伤暑全书二卷/（明）张鹤腾撰

（2）脉理原始附诸症脉/（明）李盛春编

（3）胤嗣全书附小儿症方/（明）李盛春编

（4）病机要旨/（明）李盛春编

（5）治伤寒全书/（明）李盛春编

（6）治杂症验方/（明）李盛春编

（7）小儿形症方

（8）小儿研悦方

276　**医学便览**　1868

（清）栗山痴叟编

子目：

（1）伤寒读本

（2）金匮读本

（3）医学三字经

（4）十二经脉歌

（5）指南摘要

（6）医学实在易

（7）本草求真

277　**医学便读**　1911

又名趣园医学便读

（清）陶铭鼎（笙陔）撰

子目：

（1）药性分类赋

（2）药性注释

（3）脏腑经络四诊歌

（4）汤方歌括附保赤编

278 医学举隅 1934

胡海鳌（鼋伯）撰

子目：

（1）诊断方针

（2）药物禁忌

（3）药囊须知

（4）囊中药

（5）陈修园狂妄略

（6）医评

（7）外科辨证录

（8）评方录

（9）伤科

（10）急救方

（11）见闻录

（12）经验丛谈

（13）经验方案

279 医学统宗 1569

（明）何柬编

子目：

（1）难经本义补遗/（明）何柬撰

（2）治病针法/（明）何柬撰

（3）诊家枢要/（元）滑寿撰 （明）何柬撰

（4）医书大略统体

（5）樱宁生卮言/（明）何柬辑

（6）杂录/（明）何柬辑

(7) 试方/(明)何柬撰

280 **医学笔记十种** **成书年代不详**

戴祺等撰

子目:

(1) 病床日记一篇/戴麒撰

(2) 病床笔记一篇/朱笏云撰

(3) 登新大陆记一篇游波士敦记一篇/俞庆思撰

(4) 爱庐笔记一篇/胡莲伯撰

(5) 日记选录一篇/李祥麟撰

(6) 学习笔记一篇医余随笔一篇/丁福宝撰

(7) 拙庐杂钞一篇/宁宗麟撰

(8) 肺结核说一篇/万钧撰

(9) 蕉荫居笔记一篇/林仙畊撰

(10) 医事琐谈一篇/郑建侯撰

281 **医学衷中参西录** 1909

又名衷中参西录

(清)张锡纯(寿甫)撰

子目:

(1) 处方学八卷

(2) 医论八卷

(3) 医话拾零

(4) 三三医书评八卷

(5) 药物讲义四卷

(6) 伤寒讲义四卷

(7) 医案附诗草四卷

282 医学衷中参西录选评

张锡纯撰 张公让选评

子目：

（1）处方篇

（2）医论篇

（3）伤寒论讲义

（4）药物篇

（5）医案篇

283 医学准绳六要 1609

见《医学六要》

284 医学捷径谋生至要脉诀合抄 1911

（清）王寿君集

子目：

（1）医学捷径

（2）谋生至要脉诀

285 医学捷要 1871

（明）张介宾（景岳）原撰 （清）尹乐渠编

子目：

（1）新方八阵二卷

（2）古方八阵八卷

（3）本草正论二卷

（4）脉神章三卷

（5）古方汤饮歌

286　医学集览　1590

（明）祝大年等编
子目：
（1）难经本义二卷/（元）滑寿撰
（2）脉经刊误/（元）戴起宗撰
（3）十四经络发挥二卷/（元）滑寿撰
（4）伤寒金镜录/（元）敖氏原撰　杜本增订
（5）伤寒钤法/（元）马宗素　程德斋撰
（6）原机启微二卷附录一卷/（元）倪维德撰
（7）外科心法七卷/（明）薛己撰
（8）外科发挥八卷/（明）薛己撰
（9）外科经验方/（明）薛己撰
（10）痈疽神秘灸经/（元）胡元庆撰　薛己校补
（11）痈疽神秘验方/（明）陶华撰

287　医学摘粹　1895

（清）庆恕（云阁）撰
子目：
（1）伤寒十六证类方二卷
（2）伤寒证辨
（3）四诊要诀
（4）杂证要法三卷
（5）本草类要附天人解、六气解

288　医学精义　编年不详

著者佚名
子目：
（1）医学精义/原题（清）陈念祖撰

(2) 医学三字经/(清)陈念祖撰
(3) 伤寒舌诊/(元)杜本撰
(4) 温疫论/(明)吴又可撰
(5) 医林改错/(清)王清任撰
(6) 各科证治七言歌诀

289 医学粹精 1694

又名医家秘奥、周慎斋医家秘奥
(清)陈嘉璴编
子目:
(1) 周慎斋先生脉法解二卷/(明)周子干撰(清)陈嘉璴注
(2) 周慎斋先生三书三卷/(清)周子干撰
(3) 查了吾先生正阳篇选录一卷/(清)陈嘉璴选录
(4) 胡慎柔先生五书要语一卷/(明释)住想撰
(5) 笔谈一卷/(清)陈嘉璴撰

290 医学薪传饲鹤亭集方合刊

又名
见《吴兴凌氏二种》

291 医宗己任编 1725

(清)杨乘六(以行、云峰)编
子目:
(1) 四明心法三卷/(清)高鼓峰撰
(2) 四明医案/(清)高鼓峰撰
(3) 东庄医案/(清)吕用晦撰
(4) 西塘感症三卷/(清)董废翁撰

292 （御纂）医宗金鉴 1742

（清）吴谦等辑

子目：

（1）（订正）伤寒论注十七卷

（2）（订正）金匮要略注八卷

（3）（删补）名医方论八卷

（4）四诊心法要诀一卷

（5）运气要诀一卷

（6）伤寒心法要诀三卷

（7）杂病心法要诀五卷

（8）妇科心法要诀六卷

（9）幼科杂病心法要诀六卷

（10）痘疹心法要诀六卷

（11）幼科种痘心法要旨一卷

（12）外科心法要诀十六卷

（13）眼科心法要诀二卷

（14）针灸心法要诀八卷

（15）正骨心法要诀四卷

293 医宗摘要折肱漫录合刻

见《医宗撮精折肱漫录合刊》

294 医宗撮精折肱漫录合刊 1639

又名医宗摘要折肱漫录合刻

（明）黄承昊辑

子目：

（1）医宗撮精/（明）黄承昊编

（2）折肱漫录/（明）黄承昊撰

295 **医药丛书** 1916

裘庆元（吉生）辑

子目：

（1）研经言四卷/（清）莫枚士撰

（2）周氏易简方集验方二卷/（清）周璟辑

（3）周氏集验方续编一卷/（清）周璟撰

（4）罗谦甫治验案二卷/（元）罗天益撰

（5）吴鞠通先生医案四卷/（清）吴瑭撰

（6）惜分阴轩医案四卷/周镇撰

（7）人参考一卷/（清）唐秉钧撰

（8）知医必辨一卷/（清）李文荣撰

（9）市隐庐医学杂著一卷/（清）王德森撰

（10）（徐批）叶天士晚年方案真本二卷/（清）叶桂撰（清）徐大椿评

（11）白喉证治通考一卷/（清）张采田撰

296 **医药丛书五十六种** 1927

裘庆元（吉生）辑

现存子目：

（1）马氏医论/（清）马文植撰

（2）伤科捷径/（清）俞应泰撰

（3）通俗内科学/张拯滋撰

（4）退庐医案/陈濬撰

（5）规定药品之商榷（上）/曹炳章撰

（6）医学妙谛（附验案）（上）/（清）何其伟撰

（7）医界新智囊（初集）/曹炳章撰

(8) 通俗伤寒论（卷上二）/（清）俞根初撰
(9) 医士道（初集）/裘庆元编
(10) 通俗咽喉科学/张拯滋撰
(11) 医药问答（初集）/夏希灵等撰
(12) 医药学说（二集）/王普耀撰
(13) 草药图考/裘庆元编
(14) 医药论文（三集）/（清）何炳元等撰
(15) 药物学集说（卷一）/曹炳章等著
(16) 医林诙谐文/张汝伟等撰
(17) 医药界事件/医药学报社编
(18) 绍兴医药学报社社友治验录（卷一）/张汝伟等著
(19) 神州医药会绍兴分会纪事（一）/医药学报社编
(20) 脐风悟源/（清）王启魁撰
(21) 察舌辨症新法/刘吉人撰
(22) 药草与毒草/（日）筱田平三郎撰　张拯滋译
(23) 医医病书/（清）吴瑭撰

297　医药便读　1913

黄在福（介圃）编

子目：

(1) 望闻问切歌
(2) 药性歌
(3) 医学三字经
(4) 时方十剂歌括
(5) 三字经医方歌括

298　医药顾问大全　1935

又名万病自疗医药顾问大全、大众万病顾问

陆清洁编 陆士谔（守先）校订

子目：

（1）内科内伤病

（2）内科外感病

（3）外科

（4）妇人科

（5）小儿科

（6）小儿痧痘科

（7）性病科

（8）花柳科

（9）皮肤科

（10）急救科

（11）戒烟科

（12）产科

（13）耳鼻咽喉科

（14）眼科

（15）伤科

（16）齿科

299 **医药镜** 1641

（明）王肯堂等撰

子目：

（1）医镜四卷/（明）王肯堂撰

（2）药镜四卷/（明）蒋仪撰

300 **医要三书** 1852

（清）李耕春编

子目：

（1）伤寒六经定法/（清）舒诏撰

(2) 胎前产后证治/(清)李耕春编
(3) 福幼编/(清)庄一夔撰
(4) 遂生编/(清)庄一夔撰

301 医要集览 1644

著者佚名
子目:
(1) 脉赋、脉诀附复真刘三点先生脉诀
(2) 用药歌诀/著者佚名
(3) 药性赋/(金)张元素撰
(4) 伤寒赋、伤寒活人指掌提纲/(元)吴恕撰
(5) 诸病论/著者佚名
(6) 难经原题/(战国)秦越人撰

302 医种子

见《芷园医种子》、《芷园臆草》

303 医统正脉四种 1601

(明)王肯堂(宇泰)编
子目:
(1) 医学发明/原题(元)朱震亨撰
(2) 刘河间伤寒医鉴/马宗素注
(3) 刘河间伤寒心要/镏洪编
(4) 张子和心镜别集/常德编　附内外伤辨

304 医统正脉全书

见《古今医统正脉全书》

305　**医部秘钞三种**　1949

卫道抄辑

子目：

（1）十二经证治论/著者佚名

（2）素女方/著者佚名

（3）不谢方/（清）陆懋修著

306　**医家百言**　1918

裘庆元（吉生）辑

子目：

（1）琉球百问/曹存心撰

（2）薛案辨疏/薛己撰　徐莲塘录

（3）叶氏伏气解/叶霖撰

（4）胎产指南/单南山撰

（5）重订幼科金鉴评/费养庄著　顾金寿重订

（6）雪雅堂医案/张士骧撰

（7）简明眼科学/程松崖撰　王桂林增注

307　**医家金箴**　1937

何醒善编

子目：

（1）医学正轨

（2）医理随坛录

308　**医家秘奥**　1694

见《医学粹精》

309　医家萃览 1592

（明）胡文焕编

子目：

（1）（新刻）脉诀/（宋）崔嘉彦撰

（2）（新刻）太素脉诀秘书一卷

（3）（新刻）太素心要二卷

（4）素问心得二卷

（5）灵枢心得二卷

（6）食经本草

（7）食物本草

（8）医学便览

（9）医学权舆

（10）轩辕黄帝治病秘法

（11）（新刻）孙真人海上仙方

（12）（新刻）温隐居海上仙方

（13）（新刻）应急良方

（14）（新刻）怪证奇方二卷杂录附一卷

310　医理元枢 1753

（清）朱音恬（咏清）编

子目：

（1）运气要略

（2）脉法心参

（3）医方捷径四卷

（4）伤寒论注四卷

（5）金匮要略注二卷

（6）妇科辑要

（7）幼科辑要附新订医理元枢附余二卷

311 医理真传医法园通 1874

（清）郑寿全（钦安）撰

子目：

（1）医理真传四卷

（2）医法园通四卷

312 医略六书 1764

又名徐灵胎医略六书

（清）徐大椿（灵胎）撰

子目：

（1）内经诠释

（2）脉诀启悟二卷附经络诊视图

（3）药性切用六卷

（4）伤寒约编八卷附舌鉴图

（5）杂病证治九卷

（6）女科指要六卷附女科治验

313 医籍汇录 1914

编者佚名

子目：

（1）医法心传

（2）古今医论

（3）痢疗捷法

（4）论脏腑经络穴位与疮疡关系

（5）十二经络歌诀

（6）神农本草经百种录

314 连自华医书十五种 1866

（清）连自华（书樵）撰

子目：

（1）程文仿

（2）汪仲伊杂病辑逸（缺）

（3）脉诀订真

（4）望诊（缺）

（5）望诊

（6）证治针经广证

（7）温热指南（缺）

（8）喉症方案

（9）京城白喉约说

（10）行余书屋医论附医案

（11）有恒杂记

（12）医略

（13）寄京医札

（14）示儿编

（15）读妇科心法志疑附串雅内外编附咽喉脉证通论

315 抄本医书五种 1899

著者佚名

子目：

（1）验方集腋

（2）伤科秘本

（3）外科藏书

（4）痧症针灸推拿备考

（5）异授眼科七十二症

316 **轩岐之术** 1924

著者佚名

子目：

（1）四言脉诀

（2）绛雪园得宜本草

（3）用药经旨

（4）药性分剂赋

（5）运气新图括要

317 **吴王二温合刻** 1852

又名温热条辨温热经纬合刻

（清）吴瑭（清）王士雄撰

子目：

（1）温病条辨六卷/（清）吴瑭撰

（2）温热经纬五卷/（清）王士雄撰　附达生编二卷/（清）亟斋居士撰

318 **吴氏医学丛刊** 1911

（清）吴槐绶（子绂）撰

子目：

（1）金匮方证详解四卷附素灵精义一卷

（2）伤寒理解十二卷

（3）南阳药证汇解六卷

319 **吴兴凌氏二种**

又名医学薪传饲鹤亭集方合刊

（清）凌奂（维正）撰

子目：
(1) 医学薪传
(2) 饲鹤亭集方

320 吴郑合编二种 1821

(原题) 吴有(又可) 撰
子目：
(1) 瘟疫论二卷/(明) 吴有性撰
(2) 瘟疫明辨四卷/(清) 郑奠一撰

321 针灸四书 1311

(元) 窦桂芳编
子目：
(1) 子午流注针经三卷/(金) 何若愚撰 (金) 阎明广编
(2) 黄帝明堂灸经三卷/著者佚名
(3) 针经指南/(金) 窦杰撰 附针灸杂说/(元) 窦桂芳撰
(4) 灸膏肓腧穴法/(宋) 庄绰撰

322 针灸传真 1923

赵熙(辑庵) 等编
子目：
(1) 针灸传真二卷
(2)(绘图) 针灸传真名医刺法二卷
(3)(绘图) 针灸传真内经刺法二卷
(4)(绘图) 针灸传真考正穴法二卷

323 针病指要等医钞六种 1949

著者佚名

子目：
(1) 针病指要
(2) 治妇人胎前十八证
(3) 产后二十一证
(4) 治小儿诸证
(5) 外科独步
(6) 外科正宗

324 利济元经 1892

(清) 陈虬 (蜇庐) 撰
子目：
(1) 运气表三种
(2) 藏象表三种
(3) 经脉表三种
(4) 医历答问
(5) 蜇庐诊录

325 利溥集 1910

(清) 王鸿骥 (翔鹤) 编
子目：
(1) 脉诀采真三卷
(2) 药性选要四卷
(3) 医书捷抄三卷
(4) 素问题要三卷灵枢提要一卷

326 邱氏内科大纲 1931

邱崇 (宗山) 撰
子目：
(1) 伤寒论浅说

(2) 金匮经浅说
(3) 邱氏温病学
(4) 邱氏脉学

327 **(重订) 邱赵牛痘书三种** 1886

(清) 邱熺 (浩川) 赵开泰 (兰亭) 编
子目:
(1) 引痘略/邱熺撰
(2) (增补) 牛痘三要/邱熺撰
(3) 牛痘余论/陈贤荣撰

328 **体仁汇编** 1549

(明) 彭用光撰
子目:
(1) 太素运气脉诀
(2) 叔和脉诀
(3) 十二经络脏腑病情药性
(4) 试效要方并论

329 **体生集** 1810

(清) 庄一夔辑
子目:
(1) 宜麟策一卷续编一卷
(2) 达生编二卷
(3) 福幼编
(4) 遂生编一卷附稀痘良方

330 **何元长先生医案** 1806

(清) 何世仁 (元长、澹安) 撰

子目：

(1) 福泉山房医案

(2) 世济堂医案

(3) 澹安医案

331　何氏医学丛书　1929

何炳元（廉臣）编

子目：

(1) 新增伤寒广要十二卷/（日）丹波元坚撰　何炳元增

(2) 伤寒论述义五卷/（日）丹波元坚撰　何炳元鉴定

(3) 伤寒论识六卷/（日）浅田栗园撰　何炳元增

(4) 增订伤寒百证歌诀四卷/（宋）许叔微撰　何炳元增订

332　余氏医书三种　1920

余斌（小池）撰

子目：

(1) 读陈修园十五卷

(2) 中华医学十六卷

(3) 晓墀脉学三卷

333　彤园医书四种　1795

见《郑彤园医书四种》

334　邹氏纯懿庐集　1840

（清）邹汉璜（仲辰、稼江）撰

子目：

(1) 素灵杂解

(2) 难经解

(3) 伤寒卒病论笺
(4) 伤寒翼
(5) 金匮要略解
(6) 寒疫论
(7) 千金方摘抄
(8) 疮疡

335 疔疮要诀疔疮歌诀合抄 1882

(清) 应遵诲 (味农) 编
子目:
(1) 疔疮要诀
(2) 疔疮歌诀

336 汪氏医学六种 1875

(清) 汪宏撰
子目:
(1) 注解神农本草经六卷卷首一卷/(清) 汪宏注 程端参订
(2) 本经歌诀/著者佚名
(3) 入门要诀/(清) 汪宏撰
(4) 望诊遵经/(清) 汪宏撰
(5) 本草附经歌括三卷/(清) 汪宏撰
(6) 脉诀/(宋) 崔嘉彦著 (明) 李言闻删补

337 汪氏医学丛书 1519

又名汪石山医书八种
(明) 汪机 (省之、石山居士) 等撰
子目:
(1) 脉诀刊误集解二卷附录二卷/(元) 戴起宗撰 (明)

汪机补订

(2) 石山医案三卷附录一卷/（明）汪机撰

(3) 读素问钞四卷/（元）滑寿编　（明）汪机续注

(4) 运气易览三卷/（明）汪机编

(5) 针灸问对三卷/（明）汪机编

(6) 外科理例七卷附方一卷/（明）汪机编

(7) 痘治理辨一卷附方一卷/（明）汪机编

(8) 推求师意二卷/（明）戴原礼撰　（明）汪机编

338　汪石山医书七种　　成书年代不详

又名汪石山医学七种

（明）汪机（省之、石山居士）撰

子目：

(1) 读素问钞三卷补遗一卷/（元）滑寿编　（明）汪机续注

(2) 运气易览三卷/（明）汪机编

(3) 痘治理辨一卷附方一卷/（明）汪机编

(4) 针灸问对三卷/（明）汪机编

(5) 外科理例七卷附方一卷/（明）汪机编

(6) 石山医案三卷附录一卷/（明）汪机撰　（明）陈桷辑

(7) 推求师意二卷/（明）戴原礼撰　（明）汪机编

339　汪石山医书八种

见《汪氏医学丛书》

340　汪石山医学七种　　成书年代不详

见《汪石山医书七种》

341 沈氏遗稿二种 1897

（清）沈夏霖（筱汀）撰

子目：

（1）医法汇编一卷

（2）医则二卷

342 沈氏尊生书 1773

（清）沈金鳌（芊绿、汲门、尊生老人）撰

子目：

（1）杂病源流犀烛三十卷卷首二卷

（2）伤寒论纲目十六卷

（3）幼科释谜六卷

（4）妇科玉尺六卷

（5）要药分剂十卷

343 证治大还 1697

（清）陈治（三农）撰

子目：

（1）医学近编二十卷

（2）伤寒近编前集五卷后集五卷

（3）幼幼近编四卷

（4）济阴近编五卷

（5）诊视近纂二卷

（6）药理近考二卷

344 证治准绳

见《六科证治准绳》

345 诊断学汇编 1913

（隋）杨上善注 （清）廖平（季平）辑评

子目：

（1）诊络篇补证

（2）诊皮篇补证

（3）诊筋篇补证

（4）诊骨篇补证

346 灵兰医书六种 1947

何舒（竟心、舍予）编

子目：

（1）天人要义表

（2）特效药选便读二卷

（3）维摩医室问答二卷附阴阳大法表一卷附暑门症治要略一卷

（4）方药实在易二卷

（5）舌诊问答一卷

（6）问诊实在易一卷

347 灵兰社稿 1850

著者佚名

子目：

（1）杂症六卷

（2）锦囊药性赋二卷

348 灵兰集 1644

（明）施沛撰

子目：

初集

（1）素问遗篇

（2）脏腑指掌图

（3）经穴指掌图

（4）脉微二卷

（5）医医

（6）说疗

二集

（7）宋徽宗圣济经十卷

（8）产经二卷

（9）痘疹折衷二卷

（10）祖剂四卷

（11）云起堂诊籍

349　**灵芝益寿草**　1885

（清）潘霨（伟如）编

子目：

（1）慎疾刍言一卷/（清）徐大椿撰

（2）世补斋不谢方/（清）陆懋修撰　附外科证治全生择要诸方

350　**改良幼科三种**　1909

著者佚名

子目：

（1）幼科铁镜集症

（2）小儿推拿广意

（3）（增补）痘疹金镜录

351　**张氏医书七种**　1695

（清）张璐（路玉、石顽老人）等撰

子目：

（1）张氏医通十六卷/（清）张璐撰

（2）本经逢原四卷/（清）张璐撰

（3）诊宗三昧一卷/（清）张璐撰　（清）张登等编

（4）伤寒绪论二卷/（清）张璐撰

（5）伤寒缵论二卷/（清）张璐撰

（6）伤寒舌鉴/（清）张登编

（7）伤寒兼证析义/（清）张倬撰

352　**张氏医参七种**　1909

张节（心在）撰

子目：

（1）学医一得

（2）持脉大法

（3）本草分经

（4）瘟疫论/（明）吴有性撰　（清）张节摘抄

（5）痘源论

（6）伤燥论

（7）附经

353　**张氏医集三种**　1829

（清）张琦（翰风、宛邻）编

子目：

（1）庄氏慈幼二书/（清）庄一夔撰

（2）素问释义十卷/（清）张琦编

(3) 素灵微蕴四卷/(清)黄元御撰

354 陆九芝先生遗稿 1866

(清)陆懋修(九芝)撰

子目:

(1) 内经音义初稿

(2) 内经音义再稿

(3) 内经音义三稿

(4) 内经音义四稿

(5) 素问难字音义

(6) 内经难字音义

(7) 诗文稿

355 陆氏医丛合刊三种 1942

陆奎生撰

子目:

(1) 调理新论

(2) 时症看护法

(3) 肺病全生集

356 陆筦泉医书 1923

(清)陆儋辰(筦泉)撰

子目:

(1) 伤寒证治赋(上下篇)

(2) 中风证治赋

(3) 暑湿证治赋

(4) 瘟疫证治赋

(5) 燥火证治赋

(6) 温热证治赋
(7) 秋时晚发证治赋
(8) 肿胀证治赋
(9) 咳嗽证治赋
(10) 痰饮证治赋
(11) 虚劳证治赋
(12) 痧病辨
(13) 医方歌括

357 陈士铎所述医书三种 1790

(清) 陈士铎 (敬之、远公、大雅堂主人) 撰
子目:
(1) 辨证录附胎产秘书
(2) 石室秘录
(3) 洞天奥旨

358 陈氏小儿病源痘疹方论 1254

(宋) 陈文中 (文秀) 撰
子目:
(1) 小儿病源方论四卷
(2) 小儿痘疹方论一卷

359 陈修园先生晚余三书 1820

原题 (清) 陈念祖 (修园) 撰
子目:
(1) 伤寒真方歌括六卷
(2) 伤寒医诀串解六卷
(3) 十药神书注解

360 陈修园医书二十一种 1820

（清）陈念祖（修园）等撰

子目：

（1）灵素节要浅注十二卷/（清）陈念祖集注

（2）金匮要略浅注十卷/（清）陈念祖集注

（3）金匮方歌括六卷/（清）陈念祖撰

（4）伤寒论浅注六卷/（清）陈念祖撰

（5）长沙方歌括六卷/（清）陈念祖撰

（6）医学实在易八卷/（清）陈念祖撰

（7）医学从众录八卷/（清）陈念祖撰

（8）女科要旨四卷/（清）陈念祖撰

（9）神农本草经读四卷/（清）陈念祖撰

（10）医学三字经四卷/（清）陈念祖撰

（11）时方妙用四卷/（清）陈念祖撰

（12）时方歌括二卷/（清）陈念祖撰

（13）景岳新方砭四卷/（清）陈念祖撰

（14）伤寒真方歌括六卷/（清）陈念祖撰

（15）伤寒医诀串解六卷/（清）陈念祖撰

（16）十药神书注解/（清）陈念祖注

（17）急救奇痧方/（清）陈念祖撰

（18）经验百病内外方/著者佚名

（19）霍乱转筋/（清）王士雄撰

（20）绞肠痧证/（清）王士雄撰

（21）吊脚痧证/（清）王士雄撰

361 陈修园医书二十八种 1820

原题（清）陈念祖（修园）等撰

子目：

(1) 神农本草经读四卷/（清）陈念祖撰

(2) 医学三字经四卷/（清）陈念祖撰

(3) 时方妙用四卷/（清）陈念祖撰

(4) 时方歌括二卷/（清）陈念祖撰

(5) 新方八阵砭四卷/（清）陈念祖撰

(6) 女科要旨四卷/（清）陈念祖撰

(7) 医学实在易八卷/（清）陈念祖撰

(8) 医学从众录八卷/（清）陈念祖撰

(9) 金匮要略浅注十卷/（清）陈念祖集注

(10) 金匮方歌括六卷/（清）陈念祖撰

(11) 伤寒论浅注六卷/（清）陈念祖集注

(12) 长沙方歌括六卷/（清）陈念祖撰

(13) 灵素节要浅注十二卷/（清）陈念祖集注

(14) 伤寒医诀串解六卷/（清）陈念祖撰

(15) 伤寒真方歌括六卷/（清）陈念祖撰

(16) 十药神书注解/（清）陈念祖注

(17) 急救奇痧方一卷/（清）陈念祖评

(18) 经验百病内外方一卷/著者佚名

(19) 霍乱论二卷/（清）王士雄撰

(20) 绞肠痧证/（清）王士雄撰

(21) 吊脚痧证/（清）王士雄撰

(22) 咽喉脉证通论一卷/著者佚名

(23) 白喉治法抉微一卷/（清）耐修子录

(24) 急治喉疹要法一卷/著者佚名

(25) 喉痧正的一卷/（清）曹心怡撰

(26) 太乙神针方一卷/（清）范培兰传

(27) 救迷良方一卷/（清）何其伟撰

（28）福幼编/（清）庄一夔撰

362 陈修园医书二十三种 1820

（清）陈念祖（修园）等撰

子目：

（1）灵素节要浅注十二卷/（清）陈念祖集注

（2）金匮要略浅注十卷/（清）陈念祖集注

（3）金匮方歌括六卷/（清）陈念祖撰

（4）伤寒论浅注六卷/（清）陈念祖撰

（5）长沙方歌括六卷/（清）陈念祖撰

（6）医学实在易八卷/（清）陈念祖撰

（7）医学从众录八卷/（清）陈念祖撰

（8）女科要旨四卷/（清）陈念祖撰

（9）神农本草经读四卷/（清）陈念祖撰

（10）医学三字经四卷/（清）陈念祖撰

（11）时方妙用四卷/（清）陈念祖撰

（12）时方歌括二卷/（清）陈念祖撰

（13）景岳新方砭四卷/（清）陈念祖撰

（14）伤寒真方歌括六卷/（清）陈念祖撰

（15）伤寒医诀串解六卷/（清）陈念祖撰

（16）十药神书注解一卷/（清）陈念祖注

（17）急救奇痧方一卷/（清）陈念祖评

（18）经验百病内外方一卷/著者佚名

（19）霍乱转筋一卷/（清）王士雄撰

（20）绞肠痧证一卷/（清）王士雄撰

（21）吊脚痧证一卷/（清）王士雄撰

（22）时疫证治/著者佚名

（23）喉科急证/著者佚名

363　陈修园医书十二种　1820

（清）陈念祖（修园）等撰

子目：

（1）医学实在易八卷/（清）陈念祖撰

（2）灵素节要浅注十二卷/（清）陈念祖集注

（3）景岳新方砭四卷/（清）陈念祖撰

（4）急救经验良方/（清）竹梅居士编

（5）伤寒真方歌括六卷/（清）陈念祖撰

（6）十药神书注解一卷/（清）陈念祖注

（7）金匮方歌括六卷/（清）陈念祖撰

（8）伤寒医诀串解六卷/（清）陈念祖撰

（9）医学从众录八卷/（清）陈念祖撰

（10）长沙方歌括六卷/（清）陈念祖撰

（11）伤寒论浅注六卷/（清）陈念祖撰

（12）金匮要略浅注十卷/（清）陈念祖集注

364　陈修园医书十八种　1820

原题（清）陈念祖（修园）等撰

子目：

（1）灵素节要浅注十二卷/（清）陈念祖集注

（2）金匮要略浅注十卷/（清）陈念祖集注

（3）金匮方歌括六卷/（清）陈念祖撰

（4）伤寒论浅注六卷/（清）陈念祖撰

（5）长沙方歌括六卷/（清）陈念祖撰

（6）医学实在易八卷/（清）陈念祖撰

（7）医学从众录八卷/（清）陈念祖撰

（8）女科要旨四卷/（清）陈念祖撰

(9) 神农本草经读四卷/(清)陈念祖撰
(10) 医学三字经四卷/(清)陈念祖撰
(11) 时方妙用四卷/(清)陈念祖撰
(12) 时方歌括二卷/(清)陈念祖撰
(13) 景岳新方砭四卷/(清)陈念祖撰
(14) 伤寒真方歌括六卷/(清)陈念祖撰
(15) 伤寒医诀串解六卷/(清)陈念祖撰
(16) 十药神书注解一卷/(清)陈念祖注
(17) 急救经验良方/(清)竹梅居士编
(18) 霍乱论二卷/(清)王士雄撰

365　**陈修园医书十五种**　1820

原题(清)陈念祖(修园)等撰

子目:

(1) 灵素节要浅注十二卷/(清)陈念祖集注
(2) 金匮要略浅注十卷/(清)陈念祖集注
(3) 金匮方歌括六卷/(清)陈念祖撰
(4) 伤寒论浅注六卷/(清)陈念祖撰
(5) 长沙方歌括六卷/(清)陈念祖撰
(6) 医学实在易八卷/(清)陈念祖撰
(7) 医学从众录八卷/(清)陈念祖撰
(8) 女科要旨四卷/(清)陈念祖撰
(9) 神农本草经读四卷/(清)陈念祖撰
(10) 医学三字经四卷/(清)陈念祖撰
(11) 时方妙用四卷/(清)陈念祖撰
(12) 时方歌括二卷/(清)陈念祖撰
(13) 伤寒真方歌括六卷/(清)陈念祖撰
(14) 伤寒医诀串解六卷/(清)陈念祖撰

（15）十药神书注解一卷/（清）陈念祖撰

366 陈修园医书十六种 1820

又名公余十六种、南雅堂医书全集
（清）陈念祖（修园）撰
子目：
（1）灵素节要浅注十二卷
（2）金匮要略浅注十卷
（3）金匮方歌括六卷
（4）伤寒论浅注六卷
（5）长沙方歌括六卷
（6）医学实在易八卷
（7）医学从众录八卷
（8）女科要旨四卷
（9）神农本草经读四卷
（10）医学三字经四卷
（11）时方妙用四卷
（12）时方歌括二卷
（13）景岳新方砭四卷
（14）伤寒真方歌括六卷
（15）伤寒医诀串解六卷
（16）十药神书注解一卷

367 陈修园医书十四种 1820

（清）陈念祖撰
子目：
（1）灵素节要浅注十二卷/（清）陈念祖集注
（2）金匮要略浅注十卷/（清）陈念祖集注

(3) 金匮方歌括六卷/（清）陈念祖撰
(4) 伤寒论浅注六卷/（清）陈念祖撰
(5) 长沙方歌括六卷/（清）陈念祖撰
(6) 医学实在易八卷/（清）陈念祖撰
(7) 医学从众录八卷/（清）陈念祖撰
(8) 女科要旨四卷/（清）陈念祖撰
(9) 神农本草经读四卷/（清）陈念祖撰
(10) 医学三字经四卷/（清）陈念祖撰
(11) 时方妙用四卷/（清）陈念祖撰
(12) 时方歌括二卷/（清）陈念祖撰
(13) 景岳新方砭四卷/（清）陈念祖撰
(14) 伤寒真方歌括六卷/（清）陈念祖撰

368　陈修园医书七十二种　1820

原题（清）陈念祖（修园）等撰
子目:
(1) 灵素节要浅注十二卷/（清）陈念祖集注
(2) 金匮要略浅注十卷/（清）陈念祖集注
(3) 金匮方歌括六卷/（清）陈念祖撰
(4) 伤寒论浅注六卷/（清）陈念祖撰
(5) 长沙方歌括六卷/（清）陈念祖撰
(6) 医学实在易八卷/（清）陈念祖撰
(7) 医学从众录八卷/（清）陈念祖撰
(8) 女科要旨四卷/（清）陈念祖撰
(9) 神农本草经读四卷/（清）陈念祖撰
(10) 医学三字经四卷/（清）陈念祖撰
(11) 时方妙用四卷/（清）陈念祖撰
(12) 时方歌括二卷/（清）陈念祖撰

（13）景岳新方砭四卷/（清）陈念祖撰
（14）伤寒真方歌括六卷/（清）陈念祖撰
（15）伤寒医诀串解六卷/（清）陈念祖撰
（16）十药神书注解一卷/（清）陈念祖注
（17）急救奇痧方一卷/（清）陈念祖撰
（18）霍乱论/（清）王士雄撰
（19）霍乱转筋/（清）王士雄撰
（20）吊脚痧证/（清）王士雄撰
（21）眼科捷径/著者佚名
（22）伤寒舌诊/（元）杜本增订
（23）咽喉脉症通论/著者佚名
（24）急救喉疹要法
（25）喉痧正的/（清）曹心怡撰
（26）春温三字诀/（清）张子培撰
（27）痢症三字诀/（清）唐宗海撰
（28）温热赘言/（清）寄瓢子撰
（29）湿热条辨/（清）薛雪撰
（30）疟疾论/（清）韩善征撰
（31）达生编/（清）亟斋居士撰
（32）妇科杂症一卷/（清）文晟辑
（33）引痘略/（清）邱熺撰
（34）救迷良方/（清）何其伟撰
（35）太乙神针/著者佚名
（36）福幼编一卷/（清）庄一夔撰
（37）本草经百种录一卷/（清）徐大椿撰
（38）增补食物秘书/著者佚名
（39）平辨脉法歌括/（清）黄钰撰
（40）本经便读/（清）黄钰撰

(41) 名医别录/(清)黄钰撰
(42) 局方发挥/(元)朱震亨撰
(43) 医垒元戎/(元)王好古撰
(44) 医法心传/(清)程芝田撰
(45) 古今医论/著者佚名
(46) 刺疔捷法/(清)张镜撰
(47) 颅囟经二卷/著者佚名
(48) 养生镜(清)陆乐山撰
(49) 眼科验方/著者不详
(50) 白喉治法忌表抉微/(清)耐修子录
(51) 急救经验良方/(清)竹梅居士编
(52) 52 种丛书缺
(53-55) 书附医学方论二十种
注:名为七十二种,实为五十五种

369 **陈修园医书七十种** 1820

原题(清)陈念祖(修园)撰
子目:
(1) 灵素节要浅注十二卷/(清)陈念祖集注
(2) 金匮要略浅注十卷/(清)陈念祖集注
(3) 金匮方歌括六卷/(清)陈念祖撰
(4) 伤寒论浅注六卷/(清)陈念祖注
(5) 长沙方歌括六卷/(清)陈念祖撰
(6) 医学实在易八卷/(清)陈念祖撰
(7) 医学从众录八卷/(清)陈念祖撰
(8) 女科要旨四卷/(清)陈念祖撰
(9) 神农本草经读四卷/(清)陈念祖撰
(10) 医学三字经四卷/(清)陈念祖撰

（11）时方妙用四卷/（清）陈念祖撰
（12）时方歌括二卷/（清）陈念祖撰
（13）景岳新方砭四卷/（清）陈念祖撰
（14）伤寒真方歌括六卷/（清）陈念祖撰
（15）伤寒医诀串解六卷/（清）陈念祖撰
（16）十药神书注解/（清）陈念祖集注
（17）颅囟经二卷/著者佚名
（18）急救奇痧方/（清）陈念祖撰
（19）霍乱论二卷/（清）王士雄撰
（20）伤寒舌诊/（元）杜本增订
（21）眼科捷径/著者佚名
（22）急救喉痧要法/著者佚名
（23）咽喉脉症通论/著者佚名
（24）白喉治法忌表抉微一卷/（清）耐修子录
（25）痢症三字诀/（清）唐宗海撰
（26）喉痧正的/（清）曹心怡撰
（27）春温三字诀/（清）张子培撰
（28）疟疾论三卷/（清）韩善征撰
（29）湿热条辨/（清）薛雪撰
（30）温热赘言/（清）寄瓢子撰
（31）引痘略/（清）邱熺撰
（32）达生编/（清）亟斋居士撰
（33）妇科杂症/（清）文晟辑
（34）福幼编/（清）庄一夔撰
（35）救迷良方/（清）何其伟撰
（36）太乙神针/著者佚名
（37）平辨脉法歌括/（清）黄钰撰
（38）神农本草经百种录/（清）徐大椿撰

（39）增补食物秘书/著者佚名
（40）局方发挥/（元）朱震亨撰
（41）本经便读/（清）黄钰撰
（42）名医别录/（清）黄钰撰
（43）古今医论/著者佚名
（44）医垒元戎/（元）王好古撰
（45）刺疗捷法/（清）张镜撰
（46）医法心传/（清）程芝田撰
（47）养生镜/（清）陆乐山撰
（48）吊脚痧证/（清）王士雄撰
（49）经验百病内外方/著者佚名
（50）绞肠痧证/（清）王士雄撰
（51）第51种丛书至70种丛书附医学论二十种
注一：名为七十种，实际只有五十三种
注二：该书有的版本还包括颅囟经二卷/养生镜一卷/（清）陆乐山撰/医学放论二十种一卷

370　陈修园医书三十二种　1820

原题（清）陈念祖（修园）撰
子目：
（1）神农本草经读四卷/（清）陈念祖撰
（2）医学三字经四卷/（清）陈念祖撰
（3）时方妙用四卷/（清）陈念祖撰
（4）时方歌括四卷/（清）陈念祖撰
（5）女科要旨四卷/（清）陈念祖撰
（6）景岳新方砭四卷/（清）陈念祖集注
（7）金匮要略浅注六卷/（清）陈念祖注
（8）伤寒论浅注六卷/（清）陈念祖撰

(9) 长沙方歌括六卷/(清)陈念祖撰
(10) 医学实在易八卷/(清)陈念祖撰
(11) 医学从众录八卷/(清)陈念祖撰
(12) 灵素节要浅注十二卷/(清)陈念祖集注
(13) 伤寒真方歌括六卷/(清)陈念祖撰
(14) 伤寒医诀串解六卷/(清)陈念祖撰
(15) 十药神书注解一卷/(清)陈念祖注
(16) 金匮方歌括六卷/(清)陈念祖撰
(17) 喉痧正的一卷/(清)曹心怡撰
(18) 经验百病内外方一卷/著者佚名
(19) 痢症三字诀一卷/(清)唐宗海撰
(20) 救迷良方一卷/(清)何其伟撰
(21) 白喉治法忌表抉微一卷/(清)耐修子录
(22) 太乙神针方一卷/(清)范培兰传
(23) 咽喉脉证通论一卷/著者佚名
(24) 福幼编一卷/(清)庄一夔撰
(25) 急救异痧奇方一卷/(清)陈念祖撰
(26) 经验百病良方一卷/著者佚名
(27) 春温三字诀一卷/(清)张子培撰
(28) 急救喉疹要法一卷/著者佚名
(29) 疟疾论三卷/(清)韩善征撰
(30) 霍乱论二卷/(清)王士雄撰
(31) 养生镜一卷/(清)陆乐山撰

371 **陈修园医书三十六种** 1820

原题(清)陈念祖(修园)撰

子目:

(1) 神农本草经读/(清)陈念祖撰

(2) 医学三字经/(清)陈念祖撰
(3) 时方歌括二卷/(清)陈念祖撰
(4) 时方妙用四卷/(清)陈念祖撰
(5) 景岳新方砭四卷/(清)陈念祖撰
(6) 医学实在易八卷/(清)陈念祖撰
(7) 医学从众录八卷/(清)陈念祖撰
(8) 金匮要略浅注十二卷/(清)陈念祖注
(9) 金匮方歌括六卷/(清)陈念祖撰
(10) 伤寒论浅注六卷/(清)陈念祖注
(11) 长沙方歌括六卷/(清)陈念祖撰
(12) 灵素集注节要五卷/(清)陈念祖撰
(13) 伤寒真方歌括六卷/(清)陈念祖撰
(14) 伤寒医诀串解六卷/(清)陈念祖撰
(15) 十药神书注解六卷/(清)陈念祖注
(16) 急救异痧奇方一卷/(清)陈念祖评
(17) 经验百病内外方一卷/著者佚名
(18) 霍乱论二卷/(清)王士雄撰
(19) 咽喉脉证通论一卷/著者佚名
(20) 白喉治法忌表抉微一卷/(清)耐修子录
(21) 急救喉疹要法一卷/著者佚名
(22) 喉痧正的一卷/(清)曹心怡撰
(23) 太乙神针方一卷/(清)范培兰撰
(24) 救迷良方一卷/(清)何其伟撰
(25) 福幼编一卷/(清)庄一夔撰
(26) 养生镜一卷/(清)陆乐山撰
(27) 疟疾论一卷/(清)韩善征撰
(28) 春温三字诀一卷/(清)张子培撰
(29) 伤寒舌鉴一卷/(清)张登撰

(30) 大生要旨/(清)唐千顷撰
(31) 保婴要旨一卷/(清)毓兰居士辑
(32) 外科证治全生集一卷/(清)王维德编
(33) 痢症三字诀一卷/(清)唐宗海撰

372 **陈修园医书三十种** 1820

原题(清)陈念祖(修园)等撰
子目:
(1) 灵素节要浅注十二卷/(清)陈念祖集注
(2) 金匮要略浅注十卷/(清)陈念祖集注
(3) 金匮方歌括六卷/(清)陈念祖撰
(4) 伤寒论浅注六卷/(清)陈念祖撰
(5) 长沙方歌括六卷/(清)陈念祖撰
(6) 医学实在易八卷/(清)陈念祖撰
(7) 医学从众录八卷/(清)陈念祖撰
(8) 女科要旨四卷/(清)陈念祖撰
(9) 神农本草经读四卷/(清)陈念祖撰
(10) 医学三字经四卷/(清)陈念祖撰
(11) 时方妙用四卷/(清)陈念祖撰
(12) 时方歌括二卷/(清)陈念祖撰
(13) 景岳新方砭四卷/(清)陈念祖撰
(14) 伤寒真方歌括六卷/(清)陈念祖撰
(15) 伤寒医诀串解六卷/(清)陈念祖撰
(16) 十药神书注解/(清)陈念祖撰
(17) 急救异痧奇方一卷/(清)陈念祖评
(18) 经验百病内外方一卷/著者佚名
(19) 霍乱论二卷/(清)王士雄撰
(20) 绞肠痧证/(清)王士雄撰

(21) 吊脚痧证/（清）王士雄撰
(22) 咽喉脉证通论一卷/著者佚名
(23) 急救喉痧要法一卷/著者佚名
(24) 白喉治法抉微一卷/（清）耐修子录
(25) 喉痧正的一卷/（清）曹心怡撰
(26) 修园心案/（清）陈念祖撰
(27) 救迷良方一卷/（清）何其伟撰
(28) 太乙神针方一卷/（清）范培兰传
(29) 福幼编一卷/（清）庄一夔撰
(30) 医学真传/（清）高士宗撰

373 **陈修园医书五十种** 1820

原题（清）陈念祖（修园）等撰

子目：

(1) 灵素节要浅注十二卷/（清）陈念祖集注
(2) 金匮要略浅注十卷/（清）陈念祖集注
(3) 金匮方歌括六卷/（清）陈念祖撰
(4) 伤寒论浅注六卷/（清）陈念祖注
(5) 长沙方歌括六卷/（清）陈念祖撰
(6) 医学实在易八卷/（清）陈念祖撰
(7) 医学从众录八卷/（清）陈念祖撰
(8) 女科要旨四卷/（清）陈念祖撰
(9) 神农本草经读四卷/（清）陈念祖撰
(10) 医学三字经四卷/（清）陈念祖撰
(11) 时方妙用四卷/（清）陈念祖撰
(12) 时方歌括二卷/（清）陈念祖撰
(13) 景岳新方砭四卷/（清）陈念祖撰
(14) 伤寒真方歌括六卷/（清）陈念祖撰

(15) 伤寒医诀串解六卷/(清)陈念祖撰
(16) 十药神书注解一卷/(清)陈念祖注
(17) 急救异痧奇方一卷/(清)陈念祖撰
(18) 瘟疫明辨四卷/(清)郑奠一撰
(19) 经验百病内外方一卷/著者佚名
(20) 白喉治法忌表抉微一卷/(清)耐修子录
(21) 福幼编一卷/(清)庄一夔撰
(22) 咽喉脉证通论一卷/著者佚名
(23) 救迷良方一卷/(清)何其伟撰
(24) 太乙神针方一卷/(清)范培兰传
(25) 霍乱论二卷/(清)王士雄撰
(26) 吊脚痧方论一卷/(清)徐子默撰
(27) 烂喉痹痧辑要一卷/(清)金德鉴撰
(28) 疟疾论一卷/(清)韩善征撰
(29) 喉痧正的一卷/(清)曹心怡撰
(30) 外科证治全生集一卷/(清)王维德撰
(31) 伤寒舌鉴一卷/(清)张登撰
(32) 眼科捷径一卷
(33) 养生镜一卷/(清)陆乐山撰
(34) 达生编一卷/(清)亟斋居士撰
(35) 春温三字诀一卷/(清)张子培撰
(36) 痢症三字诀一卷/(清)唐宗海撰
(37) 保婴要旨一卷/(清)毓兰居士辑
(38) 引痘略一卷/(清)邱熺撰
(39) 湿热条辨一卷/(清)薛雪撰
(40) 急治喉疹要法一卷
(41) 本经便读一卷/(清)黄钰撰
(42) 温热赘言一卷/(清)寄瓢子撰

(43) 神农本草经百种录一卷/(清)徐大椿撰
(44) 妇科杂症一卷/(清)文晟撰
(45) 医垒元戎一卷/(元)王好古撰
(46) 名医别录一卷/(清)黄钰辑
(47) 平辨脉法歌括一卷/(清)黄钰撰
(48) 局方发挥一卷/(元)朱震亨撰
(49) 医法心传一卷/(清)程芝田撰
(50) 增补食物秘书一卷

374 **陈修园医书五种** 1820

又名公余医录五种
(清)陈念祖(修园)撰
子目:
(1) 神农本草经读四卷
(2) 医学三字经四卷
(3) 时方妙用四卷
(4) 时方歌括二卷
(5) 女科要旨四卷

375 **陈修园医书六十种** 1820

原题(清)陈念祖(修园)等撰
子目:
(1) 灵素节要浅注十二卷/(清)陈念祖集注
(2) 金匮要略浅注十卷/(清)陈念祖集注
(3) 金匮方歌括六卷/(清)陈念祖撰
(4) 伤寒论浅注六卷/(清)陈念祖撰
(5) 长沙方歌括六卷/(清)陈念祖撰
(6) 医学实在易八卷/(清)陈念祖撰

(7) 医学从众录八卷/（清）陈念祖撰
(8) 女科要旨四卷/（清）陈念祖撰
(9) 神农本草经读四卷/（清）陈念祖撰
(10) 医学三字经四卷/（清）陈念祖撰
(11) 时方妙用四卷/（清）陈念祖撰
(12) 时方歌括二卷/（清）陈念祖撰
(13) 景岳新方砭四卷/（清）陈念祖撰
(14) 伤寒真方歌括六卷/（清）陈念祖撰
(15) 伤寒医诀串解六卷/（清）陈念祖撰
(16) 十药神书注解一卷/（清）陈念祖注
(17) 急救异痧奇方一卷/（清）陈念祖撰
(18) 瘟疫明辨四卷/（清）郑奠一撰
(19) 经验百病内外方一卷/著者佚名
(20) 白喉治法抉微二卷/（清）耐修子录
(21) 福幼编一卷/（清）庄一夔撰
(22) 咽喉脉证通论一卷
(23) 救迷良方一卷/（清）何其伟撰
(24) 太乙神针方一卷/（清）范培兰传
(25) 霍乱论二卷/（清）王士雄撰
(26) 吊脚痧方论一卷/（清）徐子默撰
(27) 烂喉痹痧辑要一卷/（清）金德鉴撰
(28) 疟疾论一卷/（清）韩善征撰
(29) 喉痧正的一卷/（清）曹心怡撰
(30) 外科证治全生集一卷/（清）王维德撰
(31) 伤寒舌鉴一卷/（清）张登撰
(32) 眼科捷径一卷
(33) 养生镜一卷/（清）陆乐山撰
(34) 达生编一卷/（清）亟斋居士撰

(35) 春温三字诀一卷/（清）张子培撰
(36) 痢症三字诀一卷/（清）唐宗海撰
(37) 保婴要旨一卷/（清）毓兰居士辑
(38) 引痘略一卷/（清）邱熺撰
(39) 湿热条辨一卷/（清）薛雪撰
(40) 急救喉痧要法一卷
(41) 喉症要旨一卷/（清）陈根儒撰
(42) 本经便读一卷/（清）黄钰撰
(43) 温热赘言一卷/（清）寄瓢子撰
(44) 本草经百种录一卷/（清）徐大椿撰
(45) 妇科杂症一卷/（清）文晟辑编
(46) 医垒元戎一卷/（元）王好古撰
(47) 名医别录一卷/（清）黄钰撰
(48) 平辨脉法歌括一卷/（清）黄钰撰
(49) 局方发挥一卷/（元）朱震亨撰
(50) 医法心传一卷/（清）程芝田撰
(51) 增补食物秘书一卷
(52) 内科简效方一卷/（清）王士雄撰
(53) 女科简效方一卷/（清）王士雄撰
(54) 外科简效方一卷/（清）王士雄撰
(55) 幼科简效方一卷/（清）王士雄撰
(56) 古今医论一卷
(57) 颅囟经二卷
(58) 刺疔捷法一卷/（清）张镜撰
(59) 医学论十种一卷
(60) 救急经验良方一卷/（清）竹梅居士撰

376 陈修园医书六种 1820

又名公余医录六种

（清）陈念祖（修园）撰

子目：

（1）神农本草经读四卷

（2）医学三字经四卷

（3）时方妙用四卷

（4）时方歌括二卷

（5）女科要旨四卷

（6）景岳新方砭四卷

377 陈修园医书四十八种 1820

原题（清）陈念祖（修园）等撰

子目：

（1）灵素节要浅注十二卷/（清）陈念祖集注

（2）金匮要略浅注十卷/（清）陈念祖集注

（3）金匮方歌括六卷/（清）陈念祖撰

（4）伤寒论浅注六卷/（清）陈念祖注

（5）长沙方歌括六卷/（清）陈念祖撰

（6）医学实在易八卷/（清）陈念祖撰

（7）医学从众录八卷/（清）陈念祖撰

（8）女科要旨四卷/（清）陈念祖撰

（9）神农本草经读四卷/（清）陈念祖撰

（10）医学三字经四卷/（清）陈念祖撰

（11）时方妙用四卷/（清）陈念祖撰

（12）时方歌括二卷/（清）陈念祖撰

（13）景岳新方砭四卷/（清）陈念祖撰

（14）伤寒真方歌括六卷/（清）陈念祖撰
（15）伤寒医诀串解六卷/（清）陈念祖撰
（16）十药神书注解一卷/（清）陈念祖注
（17）急救奇痧方一卷/（清）陈念祖撰
（18）经验百病内外方一卷/著者佚名
（19）霍乱论一卷/（清）王士雄撰
（20）绞肠痧证一卷/（清）王士雄撰
（21）吊脚痧证一卷/（清）王士雄撰
（22）眼科捷径一卷/著者佚名
（23）伤寒舌诊一卷/（元）杜本增订
（24）咽喉脉证通论一卷/著者佚名
（25）白喉治法抉微一卷/著者佚名
（26）急救喉疹要法一卷/著者佚名
（27）喉痧正的一卷/（清）曹心怡撰
（28）春温三字诀一卷/（清）张子培撰
（29）痢症三字诀一卷/（清）唐宗海撰
（30）湿热条辨一卷/（清）薛雪撰
（31）温热赘言一卷/（清）寄瓢子撰
（32）疟疾论一卷/（清）韩善征撰
（33）达生编一卷/（清）亟斋居士撰
（34）妇科杂症一卷/（清）文晟编
（35）引痘略一卷/（清）邱熺撰
（36）救迷良方一卷/（清）何其伟撰
（37）太乙神针一卷/著者佚名
（38）福幼编一卷/（清）庄一夔撰
（39）本草经百种录注解一卷/（清）徐大椿撰
（40）增补食物秘书一卷/著者佚名
（41）平辨脉法歌诀一卷/（清）黄钰撰

(42) 本经便读一卷/(清)黄钰撰
(43) 名医别录一卷/(南朝)陶弘景撰 (清)黄钰编
(44) 局方发挥一卷/(元)朱震亨撰
(45) 医垒元戎一卷/(清)王好古撰
(46) 医法心传一卷/(清)程芝田撰
(47) 医今医论一卷/著者佚名
(48) 刺疔捷法一卷/(清)张镜撰
注:有的包括急救经验良方一卷/(清)竹梅居士辑

378 陈修园医书四十种 1820

原题(清)陈念祖(修园)等撰
子目:
(1) 灵素节要浅注十二卷/(清)陈念祖注
(2) 金匮要略浅注十卷/(清)陈念祖注
(3) 金匮方歌括六卷/(清)陈念祖撰
(4) 伤寒论浅注六卷/(清)陈念祖注
(5) 长沙方歌括六卷/(清)陈念祖撰
(6) 医学实在易八卷/(清)陈念祖撰
(7) 医学从众录八卷/(清)陈念祖撰
(8) 女科要旨四卷/(清)陈念祖撰
(9) 神农本草经读四卷/(清)陈念祖撰
(10) 医学三字经四卷/(清)陈念祖撰
(11) 时方妙用四卷/(清)陈念祖撰
(12) 时方歌括二卷/(清)陈念祖撰
(13) 景岳新方砭四卷/(清)陈念祖撰
(14) 伤寒真方歌括六卷/(清)陈念祖撰
(15) 伤寒医诀串解六卷/(清)陈念祖撰
(16) 十药神书注解一卷/(清)陈念祖注

(17) 急救奇痧方一卷/(清)陈念祖评
(18) 瘟疫明辨四卷/(清)郑奠一撰
(19) 经验百病内外方一卷/著者佚名
(20) 白喉治法抉微一卷/(清)耐修子录
(21) 福幼编一卷/(清)庄一夔撰
(22) 咽喉脉证通论一卷/著者佚名
(23) 救迷良方一卷/(清)何其伟撰
(24) 太乙神针一卷/著者佚名
(25) 霍乱论二卷/(清)王士雄撰
(26) 吊脚痧方论一卷/(清)徐子默撰
(27) 烂喉痹痧辑要一卷/(清)金德鉴撰
(28) 疟疾论一卷/(清)韩善征撰
(29) 喉痧正的一卷/(清)曹心怡撰
(30) 外科证治全生集一卷/(清)王维德撰
(31) 伤寒舌鉴一卷/(清)张登撰
(32) 眼科捷径一卷
(33) 养生镜一卷/(清)陆乐山撰
(34) 达生编一卷/(清)亟斋居士撰
(35) 春温三字诀一卷/(清)张子培撰
(36) 痢症三字诀一卷/(清)唐宗海撰
(37) 保婴要旨一卷/(清)毓兰居士编
(38) 引痘略一卷/(清)邱熺撰
(39) 湿热条辨一卷/(清)薛雪撰
(40) 急治喉疹要法一卷/(清)著者佚名

379 陈微尘医书五种 1935

陈微尘撰

子目：
(1) 舌苔新诀
(2) 脉诀提纲
(3) 伤寒简要
(4) 温病抉微
(5) 洴澼良规

380 **邵氏医书三种** 1815

(清) 邵登瀛撰
子目：
(1) 四时病机十四卷
(2) 温毒病论六卷
(3) 女科歌诀六卷 附经验方一卷/(清) 邵炳扬辑

八 画

381 **环秀堂医书丛刻** 1738

(清) 周廷兰编
子目：
(1) 古今医诗大全摘要/(清) 张望撰
(2) 铜人图/著者佚名
(3) 伤寒舌鉴/(清) 张登撰

382 **武昌医学馆丛书** 1904

(清) 柯逢时 (巽庵) 编
子目：
(1) 经史证类大观本草三十一卷/(宋) 唐慎微撰

(2) 大观本草札记二卷/(清)柯逢时撰
(3) 本草衍义二十卷/(宋)寇宗奭撰
(4) 伤寒论十卷/(汉)张机撰
(5) 伤寒总病论六卷/(宋)庞安时撰
(6) 类证增注伤寒百问歌四卷/(宋)钱闻礼撰
(7) 伤寒补亡论二十卷/(宋)郭雍撰
(8) 活幼心法三卷/(元)曾世荣撰

383 武陵山人遗书 1883

(清)顾观光(尚之、漱泉、武陵山人)辑
子目:
(1) 神农本草经四卷/(魏)吴普等述
(2) 伤寒杂病论补注一卷/(清)顾观光注

384 青囊杂纂八种 1459

(明)邵以正辑
子目:
(1) 仙传济阴方
(2) 仙授理伤续断秘方附秘传经验方
(3) 上青紫庭追痨仙方
(4) 秘传外科方
(5) 济急仙方
(6) 小儿痘疹证治
(7) 徐氏胎产方
(8) 仙传外科集验方

385 范氏医籍丛抄 1911

(清)范赓治辑

子目：
(1) 四明宋博川产后全书
(2) 叶天士家传课徒草
(3) 济阴元机辑要七卷
(4) 疫痧草
(5) 喉科全书
(6) 白喉全生集
(7) 白喉忌表抉微
(8) 尤氏喉科
(9) 时疫白喉捷要
(10) 外科图药录

386 松龄医铎 1911

(清) 徐润之 (松生) 编
子目：
(1) 医界通邮
(2) 全体说略
(3) 新金匮遗珠
(4) 新灵素热论篇
(5) 新三字温热篇
(6) 新三字达生篇续篇
(7) 小儿范

387 述古斋幼科新书三种 1889

又名述古斋医书三种
(清) 张振鋆 (醴泉、筱衫、惕厉子) 编撰
子目：
(1) 厘正按摩要术四卷/ (明) 周子藩撰 (清) 张振鋆撰

（2）鬻婴提要说/著者佚名
（3）痧喉正义/（清）张振鋆编

388 述古斋医书三种 1889

见《述古斋幼科新书三种》

389 郁谢麻科合璧 1740

又名麻科合璧
（清）杨开泰（万新）汇编
子目：
（1）郁氏遗书/（清）沈氏传
（2）瘖子要领/（清）谢心阳撰

390 奇效医述痘疹活幼心法合刻 1766

（明）聂尚恒（久吾、惟贞）原撰 （清）黄治幽（周开）编
子目：
（1）奇效医述二卷/（明）聂尚恒撰
（2）痘疹活幼心法九卷/（明）聂尚恒撰

391 国医小丛书 1931

国医书局编
子目：
（1）时疫白喉捷要/（清）张绍修撰
（2）白喉治法忌表抉微/（清）耐修子录
（3）喉科十八证/（清）蔡钧撰
（4）刺疔捷法/（清）张镜撰
（5）七十四种疔疮图说/慈溪叶氏传

(6) 福幼编/(清)庄一夔撰
(7) 遂生编/(清)庄一夔撰
(8) 疫痧草/(清)陈耕道撰
(9) 颅囟经/著者佚名
(10) 吊脚痧方论/(清)徐子默撰
(11) 白喉辨症/(清)黄维翰撰
(12) 集验背疽方/(宋)李迅撰
(13) 脉诀秘传/(清)沈李龙撰
(14) 发背对口治诀论一卷/(清)谢应材撰
(15) 外科秘法/(清)谢应材撰
(16) 吐方考/(日)富永风撰
(17) 伤寒捷径/罗东生述
(18) 万病皆郁论/(日)源通魏撰
(19) 喉科秘诀/黄真人撰
(20) 伏邪新书/(清)刘恒瑞撰
(21) 疝癥积聚编/(日)大桥尚因撰
(22) 江氏伤科学/(清)江考卿撰
(23) 证治心传/(明)袁班辑
(24) 上池杂说/(明)冯时可撰
(25) 痧疫指迷/(清)费养庄辑
(26) 霍乱平议/凌禹声撰
(27) 时疸论/朱凤樨撰
(28) 小儿病丛谈/(清)聂子因著
(29) 痨病指南/秦伯未撰
(30) 伤寒论校勘记/秦又安撰
(31) 羚羊角辨/张锡纯撰
(32) 类伤寒辨/(清)吴钧辑
(33) 治疗录要/九一老人辑

(34) 疬科全书/(清)梁希曾撰
(35) 洄溪秘方/(清)徐大椿撰
(36) 经目屡验良方/翠竹山房主人辑

392 国医百家 1918

裘庆元(吉生)辑
子目:
(1) 琉球百问一卷/(清)曹存心撰
(2) 薛案辨疏/(明)薛己撰　徐莲塘录
(3) 叶氏伏气解/(清)叶霖撰
(4) 胎产指南七卷/(清)单南山撰
(5) 重订幼科金鉴评/(清)费养庄撰
(6) 雪雅堂医案二卷附类中秘旨/(清)张士骧撰
(7) 简明眼科学/(明)程松崖撰　王桂林增注

393 国医讲义六种 1930

秦之济(伯未)撰
子目:
(1) 药物学讲义
(2) 生理学讲义
(3) 诊断学讲义
(4) 妇科学讲义
(5) 内科学讲义
(6) 幼科讲义

394 国医读本 1936

见《仁盦医学丛书》

395 国医基础读本 1936

见《仁盦医学丛书》

396 明刊医书五种 1643

编者佚名

子目：

(1) 医学碎金四卷/（明）周礼编

(2) 太素脉秘书/著者不详

(3) 脉诀/（宋）崔嘉彦撰

(4) 新刊太素心要/（明）胡文焕辑校

(5) 医学要数/（明）胡文焕撰

397 明刊医书四种 1509

见《刘氏四种》

398 明医指掌药性赋药性解合刻 1622

（明）王肯堂（宇泰、损庵、念西居士）编

子目：

(1) 诊家枢要/（元）滑寿撰

(2) 明医指掌十卷/（明）皇甫中撰

(3) 珍珠囊指掌补遗药性赋四卷/（金）李杲撰

(4) 镌补雷公炮制药性解六卷/（明）李士材编

399 （新刻）明医校正参补难经脉诀合编 1644

（明）吴文炳编

子目：

(1)（新刻）明医校正订讹八十一难经/（明）熊均注

(2)(新刻)明医参补三合王叔和脉诀/(明)吴文炳参补

400 明道中医学校讲义 1922

郑业居(修诚) 郑守谦(家作)编

子目:

(1)医经/郑业居编

(2)全体病源类纂/郑守谦编

401 罗树仁手稿三种 **成书年代不详**

罗哲初(树仁)撰

子目:

(1)脉纬

(2)针灸发微

(3)针灸节要发微

402 图注八十一难经定本增补王叔和脉诀图注定本 1620

(明)童养学(壮吾)图注

子目:

(1)图注八十一难经定本

(2)增补王叔和脉诀图注定本

403 图注难经脉诀 1510

(明)张世贤(天成、静斋)图注 (清)沈镜(薇垣)删注

子目:

(1)图注八十一难经辨真四卷/(明)张世贤图注

(2)删注脉诀规正二卷/(清)沈镜删注

404 图注难经脉诀全集 1883

(清)张世贤(天成、静斋)选编

子目：
(1) 图注难经脉诀/（清）张世贤编注
(2) 濒湖脉学/（明）李时珍撰
(3) 奇经八脉考/（明）李时珍撰

405 和汉医籍小观 1913

（日）佐藤恒二编
子目：
(1) 温故知新
(2) 名流轶事（上下）
(3) 厌胜
(4) 语类
(5) 曝书瞥见

406 和汉医籍学 1929

（日）浅田贺寿卫纂
子目：
(1) 难经本义和解释
(2) 和汉医学脉理解说
(3) (宋版）伤寒论正解
(4) 伤寒论分类疑解
(5) 金匮要略义解

407 金氏医书四种

见《小耕石斋医书四种》

408 征君男女科全集 1827

见《傅青主男女科》

409 金丹正理大全 1538

（汉）魏伯阳（会稽山人）撰 （元）陈致虚（上阳子）注（明）涵蟾子（紫霞山人）辑

子目：

（1）金丹正理大全诸真玄奥集成

（2）金丹正理大全周易参同契章注

（3）金丹正理大全金碧故龙虎上经

410 （编辑）金鉴心法歌诀 1911

辑者佚名

子目：

（1）伤寒心法要诀

（2）妇科摘要

（3）妇科心法要诀

（4）杂病心法要诀

411 周氏医学丛书 1891

（清）周学海（澂之）撰辑

子目：

初集

（1）本草经三卷/（魏）吴普等撰

（2）本草经疏三十卷/（明）缪希雍

（3）王叔和脉经十卷/（晋）王叔和撰

（4）脉诀刊误二卷/（元）戴起宗撰

（5）难经本义二卷/（元）滑寿撰 （清）周学海增辑

（6）中藏经三卷附方一卷/原题（汉）华佗撰

（7）内照法/（汉）华佗撰

（8）诸病源候论五十卷/（隋）巢元方撰
（9）脉因证治四卷/（元）朱震亨撰
（10）钱氏小儿药证直诀三卷/（宋）钱乙撰
（11）阎氏小儿方论/（宋）阎孝忠撰
（12）董氏小儿瘢疹备急方论/（宋）董汲撰

二集

（13）脉义简摩八卷/（清）周学海撰
（14）脉简补义二卷/（清）周学海撰
（15）诊家直诀二卷/（清）周学海撰
（16）辨脉平脉章句二卷/（汉）张机撰　（清）周学海章句
（17）内经评文三十六卷/（清）周学海编
（18）读医随笔六卷/（清）周学海撰
（19）诊家枢要一卷附录一卷/（元）滑寿撰　（清）周学海评注
（20）藏腑标本药式/（金）张元素撰　（清）周学海校正
（21）金匮钩玄三卷/（元）朱震亨撰　（清）周学海评注
（22）三消论/（金）刘完素撰　（清）周学海注
（23）温热论/（清）叶桂撰　（清）周学海注
（24）幼科要略二卷/（清）叶桂撰　（清）周学海注
（25）叶案存真类编二卷/（清）叶桂撰　（清）周学海类评
（26）印机草/（清）马元仪撰　周学海评注

三集

（27）评注史载之方二卷/（清）周学海注
（28）慎柔五书五卷/（清）胡慎柔撰　（清）周学海评注
（29）韩氏医通二卷/（明）韩懋撰
（30）伤寒补例二卷/（清）周学海撰

(31) 形色外诊简摩二卷/(清)周学海撰
(32) 重订诊家直诀二卷/(清)周学海撰

412 周氏易简方集验方合刻 1905

周憬编
子目:
(1) 卫生易简方
(2) 周氏集验方

413 周氏脉学四种 1892

(清)周学海(澂之)撰
子目:
(1) 脉义简摩八卷
(2) 脉简补义二卷
(3) 诊家直诀二卷
(4) 辨脉平脉章句二卷

414 周郴生医书二种 1922

(清)周声溢(郴生)撰
子目:
(1) 靖庵说医
(2) 医学试验

415 周慎斋医家秘奥 1694

见《医学粹精》

416 疡科心得集 1809

(清)高秉钧(锦庭)撰

子目:
(1) 疡科临证心得集三卷
(2) 疡科心得集方汇三卷
(3) 景岳新方歌一卷

417 **郑彤园医书四种** 1795

(清) 郑玉坛 (彤园) 撰
子目:
(1) 伤寒杂病心法集解四卷附医方合编二卷
(2) 幼科心法集解四卷
(3) 彤园妇科六卷
(4) 外科图形脉证四卷附医方便考二卷

418 **郑素圃医书五种** 1707

(清) 郑重光 (素圃) 撰
子目:
(1) 素圃医案四卷
(2) 伤寒论证辨三卷
(3) 伤寒论翼二卷
(4) 温疫论补注二卷
(5) 伤寒论条辨十二卷

419 **单受益手抄医书三种** 1923

单受益辑
子目:
(1) 八脉四言诗
(2) 删定伤寒论/ (汉) 张机撰 (日) 吉益猷删定
(3) 温病醒迷

420 学医规则等六种 1883

（日）浅田氏等撰

子目：

（1）医学读书规附勿误药室学说/（日）浅田惟常撰

（2）诊病治病诀附立法治疗书引、内外科病目/（日）河野通定撰

（3）医学心得方大略医学修业次序/（日）高桥宗翰撰

（4）栗园医训五十五则/（日文）（日）浅田惟常述

（5）和汉医学讲习所教学规则/（日文）温知社编

（6）东洋医法保存论/（日文）著者佚名

421 学医捷径 1919

见《医学易知》

422 学医便读八种 1922

陆晋笙（锦燧）辑

子目：

（1）诊脉歌/（清）江函暾撰

（2）脉法四言/（清）费伯雄撰

（3）察舌辨症歌/（清）吴贞撰

（4）张令韶伤寒辨证歌/（清）薛承撰

（5）药赋新编/（清）雷福亭撰

（6）雷少逸六十方法歌/陆晋笙撰

（7）方歌别类/（清）雷丰撰

（8）治病先辨体质歌/陆培初撰

423 注穴痧症验方等四种 1893

（清）胡杰（云溪）等撰

子目：
(1) 注穴痧症验方
(2) 吊脚痧症方
(3) 华佗危急漫痧法
(4) 觉因道人七十二痧症急救良方

424　宝命真诠　1795

(清) 吴楚 (天士、畹庵) 编
子目：
(1) 内经
(2) 脉法
(3) 本草
(4) 症治
(5) 医案

425　宗圣要旨　1810

辑者佚名
子目：
(1) 伤寒贯珠集八卷/ (清) 尤怡撰
(2) 古方选注/ (清) 王子接编
(3) 本草钞/ (明) 方有执编
(4) 运气总论/ (明) 李梴编
(5) 脉确/ (清) 黄琳撰

426　定静轩医学四种　1924

(清) 胡巨瑗 (荫臣) 撰
子目：
(1) 证验随笔

(2) 验方汇集
(3) 眼科三字经
(4) 开明眼科

427 **实用中医学** 1930

秦伯未编
子目:
(1) 生理学
(2) 病理学
(3) 诊断学
(4) 药物学
(5) 治疗学
(6) 处方学
(7) 内科学
(8) 妇科学
(9) 幼科学
(10) 外科学
(11) 五官科学
(12) 花柳科学

428 **实用医疗全书** 1949

龚松仙撰 龚柏森校
子目:
(1) 新伤寒论
(2) 肺病全书
(3) 肾病全书
(4) 营养不足病篇
(5) 寄生虫病篇

(6) 内分泌病篇
(7) 筋骨痛
(8) 中医诊断学
(9) 卫生教育

429 居家必用方 1893

(清) 姚文田 (秋农) 编
子目:
(1) 难产神验良方
(2) 绣阁保产良方

430 绍兴医药学报丛书 1923

裘庆元辑
子目:
(1) 古今医学评论
(2) 杏林文苑
(3) 症治精辨
(4) 社友医案存要
(5) 验方记实
(6) 海外医谈
(7) 上池雁足
(8) 医学杂纂
(9) 鷦鷯集医学揭要
(10) 增订脚气刍言
(11) 秋燥论
(12) 药性歌诀
(13) 药物研究录
(14) 管氏外科十三方

（15）医事见闻录
（16）古今医评
（17）中国地理病学
（18）证治要论
（19）生理卫生学要义
（20）社友读书记
（21）社友文存
（22）中国胎生学
（23）药物研究录续编
（24）医事调查记
（25）医话集腋
（26）医林尺素
（27）医事杂评
（28）医学衷中参西录医方歌括
（29）赵氏霍乱论
（30）医事杂评二集

431 **经史秘汇** 1911

（清）吴翌凤辑

子目：

（1）法古宜今/（清）沈锦桐辑
（2）景岳十机摘要/（明）张介宾撰
（3）毓麟策/（清）沈锦桐辑
（4）温疟论/（清）薛雪撰
（5）湿热条辨/（清）薛雪撰
（6）受正玄机神光经

432 **经络考四诊法** 1609

(明) 张三锡 (叔承、嗣泉) 纂 (明) 王肯堂 (宇泰、损庵) 编

子目:

(1) 经络考一卷

(2) 四诊法一卷

433 **经验四种** 1717

(清) 年希尧 (允恭、偶斋主人) 编

子目:

(1) 集验良方六卷/ (清) 梁文科编

(2) 经验痘疹不求人方论/ (明) 朱栋隆撰

(3) 一草亭眼科附异授眼科/ (明) 邓苑撰

(4) 吴又可瘟疫论二卷补遗一卷/ (明) 吴有性撰

九 画

434 **珍本医书集成** 1936

裘庆元 (吉生) 编

子目:

医经类

(1) 内经素问校义一卷/ (清) 胡澍撰

(2) 内经博义四卷/ (清) 罗美撰

(3) 难经古义二卷/ (日) 滕万卿撰

(4) 难经正义六卷/ (清) 叶霖撰

(5) 古本难经阐注二卷/ (清) 丁锦撰

本草类

(6) 神农本草经赞三卷附月令七十二候赞/(魏)吴普等

(7) 本草择要纲目二卷/(清)蒋介繁撰

(8) 本草撮要十卷/(清)陈其瑞编

(9) 本草思辨录四卷卷首一卷/(清)周岩撰

(10) 食鉴本草一卷/(清)费伯雄撰

脉学类

(11)(订正)太素脉秘诀二卷/(□)张太素撰　刘伯详注

(12) 脉诀乳海六卷/(清)王邦傅编

(13) 诊脉三十二辨一卷/(清)管玉衡编

伤寒类

(14) 伤寒括要二卷/(明)李中梓撰

(15) 伤寒寻源三卷/(清)吕震名撰

(16) 伤寒捷诀一卷/(清)严宫方撰

(17) 伤寒法祖二卷/(清)任越庵撰

通治类

(18) 松崖医径二卷/(明)程玠撰

(19) 古今医彻四卷/(清)怀远撰

(20) 医略十三篇十三卷附列方一卷、关格考、人迎辨/(清)蒋宝素撰

(21) 医经小学六卷/(明)刘纯撰

(22) 通俗内科学一卷/张拯滋编

(23) 杂症会心录二卷/(清)汪文绮撰

(24) 鸡鸣录一卷/(清)王士雄编

(25) 医学传灯二卷/(清)陈歧撰

内科类

(26) 增订伤暑全书二卷/(明)张鹤腾撰　(清)叶霖增订

（27）辨疫琐言一卷附李翁医记一卷/（清）李炳撰
（28）六气感证要义一卷　（清）周岩撰
（29）鼠疫约编一卷/（清）吴宣崇撰　（清）罗汝兰增辑（清）郑奋扬参订
（30）湿温时疫治疗法一卷/绍兴医学会编
（31）温热经解一卷/沈麟撰
（32）温热论笺正一卷/陈光淞撰
（33）医寄伏阴论二卷/（清）田宗汉撰
（34）霍乱燃犀说二卷/（清）许起撰
（35）六因条辨三卷/（清）陆廷珍撰
（36）瘴疟指南二卷附黑热病证治指南/（明）郑全望撰
（37）疯门全书一卷附疯门辨证一卷/（清）萧晓亭撰

外科类

（38）外科传薪集一卷/（清）马文植撰
（39）外科方外奇方四卷/（清）凌奂撰
（40）伤科方书一卷/江考卿撰

妇科类

（41）产宝一卷/（清）倪枝维撰
（42）产孕集二卷/（清）张曜孙撰
（43）胎产新书二十卷/（清）竹林寺僧传
（44）女科百问二卷/（宋）齐仲甫撰

儿科类

（45）儿科醒十二卷/（清）芝屿樵客撰
（46）麻疹阐注四卷/（清）张廉撰

方书类

（47）惠直堂经验方四卷/（清）陶承熹辑
（48）绛囊撮要一卷/（清）云川道人编
（49）经验奇方二卷/（清）周子芗编

(50) 古方汇精五卷/(清)爱虚老人编
(51) 医方简义六卷/(清)王清源撰
(52) 回生集二卷/(清)陈杰编
(53) 不知医必要四卷/(清)梁廉夫撰
(54) 医便五卷/(明)王三才编
(55) 春脚集四卷/(清)孟文瑞编
(56) 外治寿世方四卷/(清)邹存淦编
(57) 文堂集验方四卷/(清)何京编
(58) 疑难急症简方四卷/(清)罗越峰编
(59) 扶寿精方一卷/(明)吴旻编
(60) 孙真人海上方一卷/(唐)孙思邈撰
(61) 鲁府禁方四卷/(明)龚廷贤编
(62) 秘传大麻疯方一卷/著者佚名
(63) 喻选古方试验四卷/(清)喻昌编

医案类

(64) 得心集医案六卷/(清)谢星焕撰
(65) 杏轩医案初集一卷续录一卷辑录一卷/(清)程文囿撰
(66) 古今医案按选四卷/(清)俞震撰 (清)王士雄选
(67) 花韵楼医案一卷/(清)顾德华撰
(68) 王旭高临证医案四卷/(清)王泰林撰
(69) 丛桂草堂医案四卷/袁焯撰
(70) 黄澹翁医案四卷/(清)黄述宁撰
(71) 诊余举隅录二卷/(清)陈廷儒撰
(72) 也是山人医案一卷/(清)也是山人撰 周镇订正
(73) 龙砂八家医案一卷/(清)姜成之编
(74) 邵氏医案一卷/(清)邵兰荪撰
(75) 沈氏医案一卷/(清)沈璠撰

（76）青霞医案一卷/（清）沈登阶撰

（77）素圃医案四卷/（清）郑重光撰

（78）扫叶庄医案四卷/（清）薛雪撰

杂著类

（79）寿世青编二卷附病后调理服食法一卷/（清）尤乘编

（80）存存斋医话稿二卷/（清）赵彦晖编附吴山散记一卷/沈仲圭撰

（81）医权初编二卷/（清）王三尊撰

（82）一得集三卷/（清）释心禅撰

（83）医医偶录二卷/（清）陈念祖撰

（84）药症忌宜一卷/（清）陈澈撰

（85）蠢子医四卷/（清）龙子章撰

（86）宜麟策一卷续集一卷/（明）张介宾撰

（87）医医小草一卷附游艺志略一卷/（清）宝辉撰

（88）医门补要三卷/（清）赵濂撰附察病人生死法

（89）履霜集三卷/（清）臧达德撰

（90）广嗣要语一卷/（明）俞桥撰

435　赵双修医书十四种　1907

（清）赵廷玉（双修）编

子目：

（1）伤寒明理论

（2）医学传心赋

（3）医学源流

（4）基础理论

（5）六经说

（6）伤寒条辨

（7）杂病治法

(8) 虚劳秘要
(9) 女科撮要
(10) 医方撮要
(11) 医案(一)
(12) 医案(二)
(13) 本草
(14) 杂录

436 南病别鉴四卷 1878

(清)宋兆淇(佑甫)编
子目:
(1) 叶香岩先生温证论治
(2) 薛生白先生温热条辨
(3) 薛公望伤寒直解辨证歌
(4) 节录辨证要略

437 南雅堂医书全集 1820

见《陈修园医书十六种》

438 药园医书五种

见《杜钟骏医书五种》

439 药盦医学丛书 1928

恽铁樵(树珏)撰
子目:
第一辑
(1) 论医集一卷
(2) 医学评议一卷

第二辑

(3) 群经见智录三卷

(4) 伤寒论研究四卷

(5) 温病明理五卷

(6) 热病学一卷

第三辑

(7) 生理新语五卷

(8) 脉学发微五卷

(9) 病理概论一卷

(10) 病理各论一卷

第四辑

(11) 临证笔记一卷

(12) 临证演讲录一卷

(13) 金匮翼方选按五卷

(14) 风劳臌病论三卷

第五辑

(15) 保赤新书四卷

(16) 妇科大略一卷

(17) 论药集一卷

第六辑

(18) 十二经穴病候撮要一卷

(19) 神经系病理治疗一卷

(20) 鳞爪集四卷

第七辑

(21) 伤寒论辑义按六卷

第八辑

(22) 药盦医案八卷

440 标病歌括五炎证治合编 1936

刘亚农（幼雪）撰

子目：

（1）标病歌括

（2）五炎证治

441 柳选四家医案 1900

（清）柳宝诒（谷孙）编

子目：

（1）（评选）静香楼医案二卷/（清）尤怡撰

（2）（评选）继志堂医案二卷/（清）曹存心撰

（3）（评选）环溪草堂医案三卷/（清）王旭高撰

（4）（评选）爱庐医案/（清）张仲华撰

442 拾慧集 1896

（清）何德藻（芙卿、鸿仪）编

子目：

（1）长沙杂病五卷

（2）长沙妇科一卷

（3）长沙外科

（4）医学准绳

（5）寒温明辨

（6）杂病补阙二卷

（7）眼科辑要

（8）喉症要旨

（9）保幼八则

（10）痘门六法

(11) 麻疹重新
(12) 伤损秘传

443 贵池刘氏信天堂汇刻医书三种 1895

(清) 刘含芳 (芗林) 编
子目:
(1) 幼科铁镜六卷/ (清) 夏鼎撰
(2) 引种牛痘法/ (清) 邱熺撰
(3) 华祖灰余集/著者佚名

444 思得堂医书六种 1804

辑者佚名
子目:
(1) 诊宗三昧/ (清) 张璐撰 (清) 张登辑
(2) 本经逢原/ (清) 张璐纂述
(3) 伤寒缵论/ (清) 张璐纂述 (清) 张登 (清) 张倬参订
(4) 伤寒绪论/ (清) 张登撰
(5) 伤寒舌鉴/ (清) 张登撰
(6) 伤寒兼证析义/ (清) 张倬撰

445 贻善堂四种须知 1676

(清) 朱本中 (泰来、凝阳子) 撰
子目:
(1) 急救须知
(2) 饮食须知
(3) 修养须知
(4) 格物须知

446 钟氏医书歌诀四种 1887

（清）钟文焕撰

子目：

（1）伤寒歌诀十一卷

（2）金匮歌诀八卷

（3）长沙药解歌诀四卷

（4）缺

447 便产痘疹合并方书 1613

（明）王朝相编

子目：

（1）便产须知/（明）高懋斋编

（2）（新刊）经验痘疹不求人方论/（明）朱栋隆撰

448 便易经验良方 1791

（清）毛世洪（达可、枫山）编 汪瑜（天潜）重订

子目：

（1）便易经验集

（2）续刻经验集

（3）济世养生集

（4）养生经验补遗

449 保生三种合编 1878

（清）黎培敬（简堂）编

子目：

（1）胎产证治要方

（2）小儿急慢惊风证治

（3）引痘略

450　**保产痘症合编**　1613

（明）陈治道（贤本、玉台）撰　吴东园（子扬）编

子目：

（1）保产万全书/（明）陈治道撰

（2）痘症要诀/（明）吴东园撰

451　**保赤三书**　1863

（清）庄一夔（在田）等撰

子目：

（1）遂生编

（2）福幼编

（3）寿婴编

452　**保赤汇编**　1878

（清）朱之榛编

子目：

（1）锡麟宝训四卷/（清）金玉相辑

（2）达生篇二卷/（清）亟斋居士撰

（3）产宝一卷/（清）倪枝维撰

（4）福幼编一卷/（清）庄一夔撰

（5）保婴易知录二卷/（清）吴宁澜撰

（6）小儿药证直诀三卷/（宋）钱乙撰

（7）童蒙训三卷/（宋）吕本中撰

453　**保赤联珠**

见《庄氏慈幼二书》

454 皇汉医学丛书 1936

陈存仁编

子目：

(1) 素问识八卷卷首一卷/（日）丹波元简撰

(2) 素问绍识四卷/（日）丹波元坚撰

(3) 难经疏证二卷/（日）丹波元胤撰

(4) 医事启源一卷/（日）今邨亮撰

(5) 医家千字文一卷/（日）惟宗时俊撰

(6) 证治摘要二卷/（日）中川成章辑

(7) 皇国名医传三卷附杏林杂话/（日）浅田惟常撰

(8) 中国医藉考八十卷附皇汉医学书目一览/裘吉生编（日）丹波元胤编

(9) 中国内科医鉴二卷/（日）大塚敬节撰 （日）汤本求真阅

(10) 伤寒之研究五卷/（日）中西惟忠撰

(11) 伤寒论纲要一卷/（日）橘春晖撰

(12) 伤寒广要十二卷/（日）丹波元坚撰

(13) 伤寒论辑义七卷/（日）丹波元简撰

(14) 伤寒论述义五卷附补遗/（日）丹波元坚撰

(15) 伤寒论集成十卷/（日）山田宗俊撰

(16) 伤寒用药研究二卷/（日）川越正淑撰

(17) 伤寒脉证式八卷/（日）川越正淑撰

(18) 金匮玉函要略述义三卷/（日）丹波元坚撰

(19) 金匮玉函要略辑义六卷/（日）丹波元简撰

(20) 长沙证汇一卷/（日）田中荣信编

(21) 伤风治证约言一卷/（日）后藤省（仲介）撰

(22) 温病之研究二卷/（日）源元凯撰

（23）温疫论私评二卷/（日）秋吉质评

（24）泻疫新论二卷/（日）高岛久贯撰 （日）高岛久也增补

（25）脚气钩要二卷/（日）今邨亮撰

（26）脚气概论一卷/（日）浅田惟常撰 （日）冈田昌春等编

（27）疝气证治论一卷/（日）大桥尚因撰

（28）中国接骨图说一卷/（日）二宫献撰

（29）产科发蒙六卷/（日）片仓元周撰

（30）产论四卷/（日）贺川玄悦撰

（31）产论翼一卷/（日）贺川玄悦撰

（32）中国儿科医鉴一卷/（日）大塚敬节撰

（33）幼科证治大全一卷/（日）下津寿泉撰

（34）痘科辨要十卷/（日）池田独美撰

（35）眼科锦囊四卷续集二卷/（日）本庄俊笃撰

（36）霉疠新书二卷/（日）片仓元周撰

（37）经穴纂要五卷/（日）小阪营升编

（38）针学通论一卷/（日）佐藤利信编

（39）针灸学纲要一卷/（日）管周桂撰

（40）选针三要集二卷/（日）杉山和一撰

（41）药治通义十二卷/（日）丹波元坚撰

（42）脉学辑要三卷/（日）丹波元简撰

（43）方剂辞典/（日）水走嘉言撰

（44）奇正方一卷/（日）贺古寿撰

（45）丹方之研究/（日）冈西为人撰

（46）类聚方一卷/（日）吉益为则撰

（47）方机一卷/（日）吉益为则口授 （日）乾省守业记

（48）救急选方二卷/（日）丹波元简编

（49）名家方选二卷/（日）山田元伦撰

（50）家塾方与方极/（日）吉益为则撰

（51）医略抄一卷/（日）丹波雅忠撰

（52）古方分量考一卷/（日）平井氏编

（53）医余四篇/（日）尾台逸撰

（54）医賸三卷/（日）丹波元简撰

（55）先哲医话集/（日）长尾藻城编

（56）青囊琐探二卷/（日）片仓元周撰

（57）藤氏医谈二卷/（日）近藤明撰

（58）医断一卷/（日）鹤冲元逸撰　附斥医断一卷/（日）烟惟和撰

（59）北山医案三卷附录/（日）北山友松撰　（日）北山道修辑

（60）生生堂治验二卷/（日）中神琴溪撰　（日）小野逊编

（61）建殊录一卷/（日）吉益为则撰　严恭编

（62）丛桂偶记二卷/（日）原昌克撰

（63）古书医言四卷/（日）吉益为则撰

（64）药征三卷/（日）吉益为则撰

（65）药征续编一卷/（日）邨井杶撰

（66）汉药研究纲要/（日）久保田晴光撰

（67）中国药物学大纲/（日）伊豫平住撰

（68）鹿茸之研究/（日）峰下铁雄撰

（69）犀黄之研究/（日）杉本重利撰

（70）中国药一百种之化学实验/（日）中尾万三撰

（71）汉药良劣鉴别法/（日）一色直太郎撰

（72）中国医药论文集三十四篇/（日）富士川游等撰

455　皇汉医药全书

见《汉方医药全书》

456　泉唐沈氏医书九种　1875

（清）沈灵犀编

子目：

（1）伤寒分类集成

（2）伤寒摘要

（3）读金匮要略大意

（4）中风简要

（5）诸痹汇要

（6）痿证大要

（7）虚劳要则

（8）水气指南

（9）温病方书

457　脉诀汇编说统经络汇编合刻　1628

（明）翟良（玉华）编

子目：

（1）脉诀汇编说统

（2）经络汇编

458　脉诀舌苔药性三种汇集　1999

邵冠明编

子目：

（1）四言脉诀/（明）李中梓撰

（2）舌苔歌诀/方仁渊撰

(3) 药胜赋附温热论/青门氏录

459 脉学四种 1928

辑者佚名
子目:
(1)(校正)濒脉学一卷奇经考一卷/(明)李时珍撰
(2)(校正)图注脉学四卷
(3)(精校)脉因证治二卷/(元)朱震亨撰
(4)脉药联珠古方考合刻/(清)龙柏撰

460 脉学三书 1603

(明)刘浴德(肖斋、子新、壶隐子)撰
子目:
(1)脉赋训解
(2)脉诀正伪
(3)应手录

461 脉学本草医方全书 1906

清太医院编
子目:
(1)奇经八脉考/(明)李时珍撰
(2)脉诀考证/(明)李时珍撰
(3)濒湖脉学/(明)李时珍撰
(4)四言举要/(宋)崔嘉彦撰
(5)本草备要四卷/(清)汪昂撰
(6)医方集解六卷/(清)汪昂撰

462 脉学丛书 1937

姚心源　张子英编

子目：

（1）三部脉学讲词/姚心源撰

（2）中国三部脉法叙义/姚心源撰

（3）中国脉学研究会章程

（4）脉学复古评注/姚心源撰　张子英评注

（5）诊少阴脉之发明/张子英注

（6）古本伤寒杂病论平脉增条/张子英撰

（7）四言科学脉诀/张子英撰

（8）三部脉学论著/缪允中撰

（9）三部脉学质疑问难/缪允中撰

（10）三部脉学试卷/廖振民等编

（11）三部脉实验录/王钦录

463　脉学丛书初编　1896

又名三家诊法

著者佚名

子目：

（1）濒湖脉学/（明）李时珍撰

（2）奇经八脉考/（明）李时珍撰

（3）诊家正眼/（明）李中梓撰

（4）脉学辑要/（日）丹波元简撰

464　脉法的要汤散征奇合刻　1628

（明）闾丘煜（芝林，参微子）编

子目：

（1）脉法的要

（2）汤散征奇

465 **脉草经络五种汇编** 1694

（清）汪昂撰　刁凤岩辑

子目：

（1）增订本草备要四卷/（清）汪昂撰

（2）经络歌诀一卷/（清）汪昂撰

（3）改正内景五脏六腑经络图说一卷/（清）汪昂撰

（4）医方汤头歌诀一卷/（清）汪昂撰

（5）濒湖二十七脉歌一卷/（清）汪昂撰

466 **脉药联珠合刻** 1795

（清）龙柏（佩芳、青霏子）撰

子目：

（1）脉药联珠古方考三卷附脉诀一卷

（2）脉药联珠药性考四卷

（3）脉药联珠食物考一卷

467 **胎产集要** 1752

（清）黄惕斋编

子目：

（1）保产机要总论/（清）黄惕斋编

（2）达生编二卷/（清）亟斋居士撰　附幼科摘要、幼科撮要

468 **胎产新书**

见《竹林寺三禅师女科三种》

469 **急治汇编** 1909

（清）张和棻（性如、莘野）撰

子目：
（1）脚气证辑要
（2）喉症治验录
（3）五疫症治辨
（4）吊脚痧方论

470　急救喉证刺疔合编　1884

（清）费山寿（友堂）编
子目：
（1）急救喉证全集/（清）费山寿编
（2）刺疔捷法/（清）张镜撰

471　疫痧二症合编　1785

又名说疫全书
（清）刘奎（松峰、文甫）等撰
子目：
（1）瘟疫论类编五卷/（明）吴有性原撰（清）刘奎评
（2）松峰说疫六卷/（清）刘奎撰
（3）痧胀玉衡/（清）郭志邃撰

472　说疫全书　1785

见《疫痧二症合编》

473　恽铁樵医书四种　1928

恽铁樵（树珏）撰
子目：
（1）温病明理四卷
（2）脉学发微四卷

（3）保赤新书八卷
（4）生理新语四卷

474 养生论颐生辑要合纂 1701

（日）贝原笃信（益轩、子诚）撰 （日）竹田定直编
子目：
（1）养生论三卷
（2）颐生辑要二卷

475 养生导引法保生心鉴合刻 1592

（明）胡文焕校正
子目：
（1）养生导引法
（2）保生心鉴

476 养生经验合集 1842

辑者佚名
子目：
（1）济世养生集/毛世洪辑 王松泉增订
（2）便易经验集/毛世洪辑 王松泉增订
（3）养生经验补遗/毛世洪辑 王松泉增订
（4）续刻经验集/鲍国隽著 汪瑜增订
（5）续刊经验集/孙复初著 王松泉增订
（6）痦疹选要/孙复初著 王松泉增订

477 姜氏医学丛书 1892

（清）姜国伊（尹人）编
子目：
（1）神农本经/（清）姜国伊（尹人）编

(2) 本经经释/（清）姜国伊（尹人）编
(3) 脉经真本十卷卷首一卷/（晋）王叔和编
(4) 伤寒方经解/（清）姜国伊（尹人）编
(5) 医学六种/（清）姜国伊（尹人）编

478 洪楩辑刊医药摄生类八种 1566

（明）洪楩（方泉）辑
子目：
(1) 医学权舆/（明）孙笙（茂林）传
(2) 寿亲养老新书/（宋）陈直撰 （元）邹铉增补
(3) 食治养老方
(4) 太上玉轴气诀
(5) 陈虚白规中指南
(6) 霞外杂俎
(7) 逸游事宜
(8) 神光经

479 活人精言 1811

辑者佚名
子目：
(1) 伤寒补天石二卷续伤寒补天石二卷/（明）戈维城撰
(2) 广瘟疫论四卷附佛崖验方/（清）戴天章撰

480 济世专门编 1908

辑者佚名
子目：
(1) 达生编/（清）亟斋居士撰
(2) 福幼编/（清）庄一夔撰

（3）遂生编/（清）庄一夔撰
（4）倪涵初疟痢三方/（清）倪涵初撰
（5）孙真人专治三十六种风证神方
（6）救荒良方

481 济世全书 1696

（清）汪启贤（肇开） 汪启圣（希贤）撰 汪大年（自培）等增补

子目：
（1）中风瘫痪验方
（2）虚劳汇选应验良方
（3）蛊膈汇选验方
（4）外科应验良方
（5）广嗣秘诀验方
（6）幼科汇选应验良方
（7）添油接命金丹大道
（8）医学碎金
（9）脏腑辨论
（10）脉诀金机
（11）汤液须知
（12）食物须知
（13）明医治验
（14）醒世理言附增汇选增补应验良方、悟真指南、汇选方外奇方、女娲氏炼石补天

482 济生拔粹 1308

（元）杜思敬（宝善老人）编

子目：

（1）针经节要/（元）杜思敬节抄

（2）云岐子论经络迎随补泻法/（金）张璧撰

（3）窦太师流注指要赋/（金）窦杰撰

（4）针经摘英集/著者佚名

（5）云岐子七表八里九道脉诀论并治法/（金）张璧撰

（6）洁古老人珍珠囊/（金）张元素撰

（7）医学发明/（金）李杲撰

（8）脾胃论/（金）李杲撰

（9）洁古家珍/（金）张元素撰

（10）海藏老人此事难知/（元）王好古撰

（11）医垒元戎/（元）王好古撰

（12）阴症略例/（元）王好古撰

（13）云岐子保命集论类要二卷/（金）张璧撰

（14）海藏瘢论萃英/（元）王好古撰

（15）田氏保婴集/著者佚名

（16）兰室秘藏/（金）李杲撰

（17）活法机要/（元）朱震亨撰

（18）卫生宝鉴/（元）罗天益撰

（19）杂类名方/（元）杜思敬编

483　**济众录**　1903

（清）劳守慎（朗心）编

子目：

（1）恶核良方释疑

（2）蛊胀脚气经验良方

484 冠悔堂募刊医书三种 1855

（清）杨浚编

子目：

（1）小儿药证直诀/（宋）钱乙撰

（2）霍乱论/（清）王士雄撰

（3）验方补/（清）杨浚编

485 扁鹊仓公传四种 1850

（日）丹波元坚编

子目：

（1）扁鹊仓公列传/（汉）司马迁撰

（2）扁鹊仓公传汇考/（日）丹波元坚撰

（3）扁鹊仓公传考异/（日）掘川济撰

（4）扁鹊传备考/（日）掘川济撰

486 神农本草伤寒金匮合刊 1934

编者佚名

子目：

（1）神农本草经

（2）伤寒论

（3）金匮要略

487 祝氏医学丛书 1931

祝味菊（傲霜轩主）撰

子目：

（1）病理发挥

（2）诊断提纲

(3) 伤寒新义
(4) 伤寒方解

488　说疫全书　1790

见《痧疫二症合编》

489　退思庐医书四种合刻　1921

严鸿志（痴孙）编
子目:
(1) 感症辑要四卷
(2) 女科证治约旨四卷
(3) 女科精华三卷
(4) 女科医案选粹四卷

490　费氏全集　1863

（清）费伯雄（晋卿、砚云子）撰
子目:
(1) 医醇賸义四卷
(2) 医方论四卷
(3) 留云山馆文抄
(4) 留云山馆诗抄二卷

491　费氏食养三种　1883

（清）费伯雄（晋卿、砚云子）编
子目:
(1) 食鉴本草/（清）费伯雄撰
(2) 本草饮食谱/（清）费伯雄撰
(3) 食养疗法/费子彬撰

492 **费伯雄先生医书二种** 1866

（清）费伯雄（晋卿、砚云子）撰

子目：

（1）医醇賸义四卷

（2）医方论四卷

493 **姚江谢氏医书三种** 1929

（清）谢抡元（榆孙）撰

子目：

（1）湿症金壶录

（2）杂症名方

（3）褒青庐医案

十　画

494 **起秀堂刊医书两种** 1716

（清）陈世杰编

子目：

（1）金匮玉函经八卷/（汉）张机撰　（晋）王叔和录（宋）林忆校正

（2）钱氏小儿药证直诀三卷附阎氏附方、董氏小儿癍疹备急方论/（宋）钱乙撰　阎孝忠编

495 **壶隐子医书四种** 1603

（明）刘浴德（肖斋、子新、壶隐子）撰

子目:
(1) 脉赋训解
(2) 脉诀正讹
(3) 壶隐子应手录
(4) 壶隐子医谭一得

496 莫氏抄录验方五种 1836

(清) 莫琇 (蕴辉) 编
子目:
(1) 济阴纂要方
(2) 保婴经验方
(3) 痈疽诸方
(4) 杨梅结毒等方
(5) 房中诸方

497 莫氏锦囊十二种 1669

(清) 莫熺 (丹子、皋亭) 撰
子目:
(1) 医门约理 (又作《医门法律约理全书》)
(2) 难经直解
(3) 脉学入门四言举要
(4) 濒湖脉学
(5) 脉诀会辨
(6) 脉诀考证
(7) 本草纲目摘要
(8) 月令考
(9) 黄帝阴符经注
(10) 黄庭经注

（11）心经悟解

（12）性命圭旨约说

498　莫氏锦囊三种

（清）莫熺（丹子、皋亭）撰

子目：

（1）四言举要/（宋）崔嘉彦撰　（清）莫熺注

（2）脉诀考证/（明）李时珍撰　（清）莫熺注

（3）濒湖脉学/（明）李时珍撰　（清）莫熺注

499　桃坞谢氏汇刻方书九种　1885

（清）谢家福（绥之）编

子目：

（1）慎疾刍言/（清）徐大椿撰

（2）世补斋不谢方/（清）陆懋修撰

（3）良方集腋二卷附一卷/（清）谢元庆撰

（4）良方合璧二卷附录一卷/（清）谢元庆撰

（5）拔萃良方原题/（清）恬素氏辑　（清）张昭撰

（6）妇婴至宝六卷/原题（清）亟斋居士编辑　（清）潘理斋增补

（7）产宝/（清）倪枝维撰　（清）潘霨增补

（8）痨症十药神书/（元）葛可久编

（9）外科证治全生集/（清）王维德撰

500　格致丛书　1603

（明）胡文焕辑

子目：

（1）三元延寿参赞书五卷/（元）李鹏飞撰

(2) 养生类纂二卷/（宋）周守中撰
(3) 养生月览二卷/（宋）周守中辑
(4) 摄生集览一卷/著者佚名
(5) 摄生要义一卷/河滨丈人撰
(6) 类修要诀二卷/（明）胡文焕编
(7) 厚生训纂六卷/（明）周臣编
(8) 山居四要五卷/（明）汪汝懋编
(9) 寿亲养老书一卷/（宋）陈直撰
(10) 食物本草二卷/（明）卢和撰
(11) 食鉴本草二卷/（明）宁原编
(12) 南方草木状二卷/（晋）嵇含撰
(13) 养生食忌/（明）胡文焕编
(14) 养生导引法/著者佚名
(15) 保生心鉴/（明）铁峰居士撰
(16) 锦身机要三卷/（明）混沌子撰
(17) 修真秘要/（明）王蔡传
(18) 臞仙神隐四卷/（明）朱权编

501　**顾氏医苑**　1936

顾培玺（宝初）编

子目：

(1) 时医模范
(2) 时医诊书录
(3) 寄游庐时医录
(4) 临症确定论
(5) 风痧实验要诀
(6) 疯科载栏
(7) 留饷吉林集

(8) 铃医秘笈
(9) 医林病铃集
(10) 桔井留香录
(11) 惜墨轩医賸
(12) 证方据中录
(13) 杂方斟中录
(14) 医方验中铎
(15) 验方归中志
(16) 验方识小录
(17) 汇方证要
(18) 散丸胶丹论
(19) 汤头证治歌诀
(20) 痨损胎产汤头

502 顾氏医镜 1722

(清) 顾靖远 (松园) 撰
子目:
(1) 素灵摘要二卷
(2) 内景图解
(3) 脉法删繁
(4) 格言汇纂二卷
(5) 本草必用二卷
(6) 症方发明八卷

503 钱塘许嗣灿汇辑医书四种 1804

又名叶氏四种
(清) 许嗣灿 (省晨) 汇辑
子目:
(1) 本草翼/(清) 王子接原著 (清) 叶桂参补附续集/

（清）许嗣灿增辑

（2）脉诀元微/（宋）刘开撰

（3）叶氏幼科要略/（清）叶桂撰

（4）喉风要略/（清）许嗣灿辑述

504 铁如意轩医书四种 1896

又名徐氏医书四种

（清）徐延祚（龄臣）撰

子目：

（1）医粹精言四卷

（2）医意二卷

（3）医意内景图说二卷

（4）医医琐言二卷续一卷

505 铁樵函授中医学校讲义十七种 1923

恽铁樵（树珏）撰

子目：

（1）伤寒论讲义

（2）药物学讲义

（3）伤寒广要讲义

（4）医家常识讲义

（5）脉学讲义

（6）新生理讲义

（7）温病讲义

（8）内经讲义

（9）金匮辑义讲义

（10）幼科讲义

（11）药盦医案讲义

（12）妇科大略讲义
（13）杂病讲义
（14）十二经经穴病候撮要讲义
（15）章太炎霍乱论
（16）答问汇编
（17）金匮辑义

506　铁樵函授医学讲义二十种　1933

恽铁樵编

子目：

（1）内经讲义
（2）金匮翼方选按
（3）金匮方论
（4）验方新按
（5）药物学讲义
（6）脉学讲义
（7）医学入门
（8）生理讲义
（9）神经系病理治要
（10）温病明理
（11）热病讲义
（12）幼科学
（13）梅疮见垣录
（14）病理概论
（15）病理各论
（16）临床笔记
（17）热病简明治法
（18）霍乱新论

（19）课艺选刊
（20）医学史

507 积善小补堂汇刻医书 1911

著者佚名
子目:
（1）急救奇方附意外须防
（2）白喉秘旨
（3）痢症阐微

508 秘兰全书 1911

著者佚名
子目:
（1）秘兰全书
（2）女科十八种回生丹
（3）经验良方
（4）诸病主药
（5）十二经络脏腑病情药性

509 秘传医奥 1626

见《医学研悦》

510 笔花片石合刻 1892

（清）良卿氏编
子目:
（1）笔花医镜五卷/（清）江涵暾撰
（2）片石居疡科治法辑要二卷/沈志裕撰

511 笔花医镜药要便蒙合刻 1891

（清）延清辑

子目：

（1）笔花医镜四卷/（清）江涵暾撰

（2）药要便蒙新编二卷/（清）谭鸿鋆撰

512 倚云斋医书四种 1900

（清）洪鹤翥撰

子目：

（1）倚云斋追往集记

（2）倚云斋悟方集记

（3）袖珍脉诀

（4）脉诀辨似附天泉论

513 徐氏医书十种 1764

（清）徐大椿（灵胎、洄溪老人）撰

子目：

（1）难经经释二卷

（2）神农本草经百种录一卷

（3）医贯砭二卷

（4）医学源流论二卷

（5）伤寒类方

（6）兰台轨范八卷

（7）慎疾刍言

（8）洄溪医案

（9）评定外科正宗

（10）洄溪道情

514 **徐氏医书四种** 1896

见《铁如意轩医书四种》

515 **徐氏医书八种** 1764

（清）徐大椿（灵胎、洄溪老人）撰

子目：

（1）难经经释二卷

（2）神农本草经百种录一卷

（3）医贯砭二卷

（4）医学源流论二卷

（5）伤寒类方

（6）兰台轨范八卷

（7）慎疾刍言

（8）洄溪医案

516 **徐氏医书六种** 1764

（清）徐大椿（灵胎、洄溪老人）撰

子目：

（1）难经经释二卷

（2）神农本草经百种录一卷

（3）医贯砭二卷

（4）医学源流论二卷

（5）伤寒类方

（6）兰台轨范八卷

517 **徐氏集注四种** 1760

（清）徐大椿（灵胎、洄溪老人）撰

子目：

（1）道德经注

（2）阴符经注

（3）乐府传声

（4）洄溪道情

518 徐灵胎全书十二种 1764

（清）徐大椿（灵胎、洄溪老人）撰

子目：

（1）难经经释二卷

（2）神农本草经百种录一卷

（3）医贯砭二卷

（4）医学源流论二卷

（5）伤寒类方

（6）兰台轨范八卷

（7）慎疾刍言一卷

（8）洄溪医案一卷

（9）洄溪道情一卷

（10）阴符经注二卷

（11）乐府传声二卷

（12）道德经二卷

519 徐灵胎医书十三种 1764

（清）徐大椿（灵胎、洄溪老人）撰

子目：

（1）难经经释二卷

（2）神农本草经百种录一卷

（3）医贯砭二卷

(4) 医学源流论二卷
(5) 伤寒类方
(6) 兰台轨范八卷
(7) 慎疾刍言一卷
(8) 洄溪医案一卷
(9) 洄溪道情一卷
(10) 阴符经注一卷
(11) 乐府传声一卷
(12) 道德经二卷
(13) 外科正宗十二卷/(清)徐大椿评注

520 徐灵胎医书三十二种 1764

(清)徐大椿(灵胎、洄溪老人)撰
子目:
(1) 难经经释二卷
(2) 神农本草经百种录
(3) 医贯砭二卷
(4) 医学源流论二卷
(5) 伤寒类方
(6) 兰台轨范八卷
(7) 慎疾刍言
(8) 洄溪医案
(9) 内经诠释
(10) 脉诀启悟注释
(11) 伤寒约编六卷
(12) 杂病源
(13) 洄溪脉学
(14) 六经病解

（15）舌鉴总论
（16）女科医案
（17）道德经注
（18）阴符经注
（19）洄溪道情
（20）乐府传声
（21）证治指南八卷
（22）药性切用
（23）古方集解
（24）种子要方
（25）中风大法
（26）六经脉诊
（27）舌胎图说
（28）经络诊视图
（29）药性诗解
（30）叶案批缪
（31）女科指要
（32）汤引总义

521　**徐灵胎医书三种**　1764

（清）徐大椿（灵胎、洄溪老人）撰
子目：
（1）慎疾刍言
（2）洄溪医案
（3）兰台轨范

522　**徐灵胎医学全书**　1764

（清）徐大椿（灵胎、洄溪老人）撰

子目：

前集

（1）难经经释二卷

（2）神农本草经百种录

（3）医贯砭二卷

（4）医学源流论二卷

（5）伤寒类方

（6）兰台轨范八卷

（7）慎疾刍言

（8）洄溪医案

后集

（9）内经诠释

（10）脉诀启悟注释

（11）伤寒约编六卷

（12）杂病源

（13）洄溪脉学

（14）六经病解

（15）舌鉴总论

（16）女科医案

523 **徐灵胎医略六书** 1764

见《医略六书》

524 **脏腑性鉴经络全书合刻** 1668

（清）尤乘（生洲）辑

子目：

（1）脏腑性鉴二卷/（清）尤乘撰

（2）经络全书二卷　前编/（明）沈子禄撰　后编/（明）

徐师鲁撰（清）尤乘重辑

525　衷中参西录 1909

见《医学衷中参西录》

526　高憩云外科全书十种

见《外科全书十种》

527　高濂等气功著作 1591

又名颐养十五种
（明）高濂（深甫、瑞南道人）等撰
子目：
（1）守庚申法/（明）高濂撰
（2）八段锦/（明）高濂撰
（3）治万病坐功图/（明）高濂撰
（4）按摩导引诀/（明）高濂撰
（5）至道玄微七论/（明）高濂撰
（6）内丹三要论/（明）高濂撰
（7）服气功/（明）高濂撰
（8）六气歌诀/（明）高濂撰
（9）李真人十六字诀/（明）高濂撰
（10）神咒录/皇甫周撰
（11）太清中黄胎藏经/苍山与道人撰
（12）陈希夷坐功图/苍山与道人撰
（13）绝三尸符咒/苍山与道人撰

528　病象脉诀药要 1948

彭灏编

子目：
（1）病象
（2）脉诀
（3）药要

529　病镜　1922

（清）王德森（严士、鞠坪）编
子目：
（1）市隐庐医学杂著/王德森撰
（2）保赤要言五卷/（清）夏鼎撰

530　浙江中医专校讲义八种　1938

浙江中医专校编
子目：
（1）难经讲义
（2）金匮学讲义
（3）伤寒学讲义
（4）诊察学讲义
（5）外科总论讲义
（6）杂症学讲义
（7）组织学讲义
（8）国文讲义

531　浙江中医专校讲义三十三种　1938

浙江中医专校编
子目：
（1）研经言讲义/莫文泉撰　杜士璋编
（2）运气学讲义/傅崇黼编

(3) 生理学讲义/陆元照编
(4) 组织学讲义/傅崇黼编
(5) 药物学讲义/杜士璋编
(6) 药用动物学讲义/杜士璋编
(7) 诊断学讲义/都敬斋编
(8) 处方学讲义/王仲香编
(9) 妇科学讲义/陆无病　黄素庵合编
(10) 杂病学讲义/马汤楹编
(11) 外科要旨讲义/傅崇黼编
(12) 精神病学讲义/都少伯编
(13) 名医学说讲义/魏汝桢编
(14) 医纲学讲义/杜士璋编
(15) 医学原理讲义/杜士璋编
(16) 孏园医语讲义/傅崇黼编
(17) 妇女胎产科讲义/陈汝舟编
(18) 读医随笔/杜士璋编
(19) 伤寒学讲义/王仲香编
(20) 幼科讲义/杜士璋　陈汝舟编
(21) 金匮要略讲义/陆无病编
(22) 理虚元鉴/杜士璋编
(23) 症因脉治/杜士璋编
(24) 医学举要/杜士璋编
(25) 药用植物学讲义/杜士璋编
(26) 诊断学讲义/马汤楹编
(27) 温病学讲义/王普耀编
(28) 病理学讲义/杜士璋编
(29) 伤寒指掌/王香岩编
(30) 杂证学/魏子祥编

（31）卫生学/陆元照编
（32）难经讲义/孙祖燧编
（33）处方学讲义/马汤楹编

532　**家传课读四卷**　1891

（清）戴葆元（心田）编
子目：
（1）金匮汤头一卷
（2）温病汤头一卷
（3）临证指南方歌二卷

533　**家居医录**　1529

（明）薛己（立斋、新甫）撰
子目：
（1）内科摘要二卷/（明）薛己撰
（2）女科撮要二卷/（明）薛己注
（3）钱氏小儿药证直诀校注四卷/（明）薛铠注
（4）正体类要二卷/（明）薛己撰
（5）疠疡机要/（明）薛己撰
（6）陈氏小儿痘疹方论/（宋）陈文中撰　（明）薛己注
（7）保婴金镜录/（宋）钱乙撰　（明）薛己注
（8）口齿类要/（明）薛己撰
（9）保婴粹要/（明）薛己撰

534　**家居医录六种**

（明）薛己（立斋、新甫）撰
子目：
（1）正体类要

(2) 疠疡机要
(3) 陈氏小儿痘疹方论
(4) 保婴金镜录
(5) 口齿类要
(6) 保婴粹要

535 家庭医药常识 1929

秦伯未编
子目:
(1) 验方类编
(2) 百病通论
(3) 药性提要
(4) 诊断大纲
(5) 饮食指南
(6) 丸散易知

536 难经脉诀脉学奇经考 1883

裘庆元(吉生)辑
子目:
(1) 难经
(2) 脉诀
(3) 脉学
(4) 奇经考

十 一 画

537　**基本医书集成**　1937

陆士谔（守先）编

子目：

（1）医学心悟/（清）程国彭撰

（2）伤寒论浅注/（清）陈念祖集注

（3）分类王孟英医案/（清）王士雄撰　（民国）陆士谔编

（4）王叔和脉经/（晋）王叔和撰　（民国）陆士谔编

（5）叶子雨脉说合璧/（清）叶子雨撰　（民国）陆士谔编

（6）伤寒论注/（清）柯韵伯注

（7）临床秘典/冯绍蘧编

（8）黄帝内经素问集注九卷/（清）张志聪集注

（9）研经言/（清）莫枚士撰　（民国）裘庆元校

（10）伤寒论翼/（清）柯韵伯撰

（11）汤头歌诀/（清）汪昂撰

（12）金匮要略浅注/（清）陈念祖注

（13）温热经纬/（清）王士雄撰　叶子雨评注

（14）本草思辨录/（清）周岩撰

（15）名医类案/（明）江瓘编

（16）金匮要略心典/（清）尤怡集注

（17）滇南本草/（明）兰芷庵撰

（18）叶天士手集秘方/（清）叶桂撰　（民国）陆士谔校

（19）本经疏证十二卷/（清）邹澍撰

（20）金匮要略论注/（清）徐彬撰

（21）竹林寺女科秘方/（清）竹林寺僧撰

538 聊复集 1810

（清）汪必昌（燕亭）编 汪国瑞等校

子目：

（1）医阶诊脉

（2）医阶辨症

（3）医阶辨药

（4）眼科心法

（5）咽喉口齿玉钥全函

539 著园医药学合刊 1923

杨熙龄（铸园）撰

子目：

（1）著园医话五卷

（2）著园药物学三卷

540 黄氏三世良方 1915

辑者佚名

子目：

（1）太占瘖科要略/黄维熊（太占）撰

（2）太占瘖方/黄维熊（太占）撰

（3）镐京直指医方/黄镐京（迁甫）撰

（4）元吉危症验方/黄裳（元吉）撰

541 黄氏传染病四种 1915

黄在福（介甫）编

子目：

（1）白喉捷要

（2）温病撮要
（3）治痢慈航
（4）鼠疫症治

542　黄氏医书八种　1754

（清）黄元御（玉路、坤载）撰
子目：
（1）四圣心源十卷
（2）素灵微蕴四卷
（3）四圣悬枢五卷
（4）伤寒悬解十四卷
（5）伤寒说意十卷
（6）金匮悬解二十二卷
（7）长沙药解四卷
（8）玉楸药解八卷

543　黄氏医书三种　1754

（清）黄元御（玉路、坤载）撰
子目：
（1）四圣心源十卷
（2）四圣悬枢五卷
（3）金匮悬解二十二卷

544　黄氏遗书三种　1872

（清）黄元御（玉路、坤载）撰
子目：
（1）素问悬解十三卷附校余偶识一卷
（2）灵枢悬解九卷

（3）难经悬解二卷

545　**黄寿南抄辑医书二十种**　1914

（清）黄寿南（福申、沁梅）辑

子目：

（1）伤寒类辨附类伤寒辨

（2）不倦庐观书札记

（3）类伤寒集补

（4）伤寒直解辨证歌附高鼓峰四明心法

（5）烂喉痧集记附喉痧汇论

（6）痧痘金针附王寿田治痘方略

（7）女科心法纂补

（8）叶香岩先生医案附病机选案

（9）陈萃田外科临证

（10）陈萃田医案续集

（11）陈如山方案

（12）顾西畴城南诊治

（13）顾西畴方案

（14）七家会诊张越阶方案

（15）曹仁伯琉球百问

（16）曹仁伯过庭录存

（17）延陵弟子纪略

（18）客尘医话

（19）按部分经录

（20）杨氏问心堂杂记

546　**黄溪医垒**　1924

陈无咎（淳白、茂弘）撰

子目：

（1）医轨

（2）脏府通诠

（3）妇科难题

547 萍乡文氏所刻医书六种 1850

又名萍乡文延庆堂六种新编、六种新编

（清）文晟（叔来）编

子目：

（1）内科摘录四卷卷首一卷

（2）外科摘录二卷附急救便方

（3）慈幼便览附痘疹摘录

（4）增订达生编二卷附妇科杂症

（5）偏方补遗七卷

（6）药性摘录附常用药物一卷食物一卷

548 萍乡文延堂六种新编 1850

见《萍乡文氏所刻医书六种》

549 乾隆吴陵纪桂芳医学丛书 1784

（清）纪桂芳撰

子目：

（1）河间发明论方七卷

（2）东垣先生用药大旨一卷

（3）茓莻医案一卷

550 梦春亭医书三种 1860

（清）谢希祯（小湘、种香山人）编

子目：
（1）达生编/（清）亟斋居士撰
（2）福幼编/庄一夔撰
（3）遂生编/庄一夔撰

551 梦蕉鹿轩医喉三种 1804

著者佚名
子目：
（1）喉科治法要诀
（2）喉症全科紫珍集/朱翔宇撰
（3）治喉指掌/赵溥泉撰

552 梅城刘氏编医书六种 1917

刘鳞（疾鳌）编
子目：
（1）寒温三字诀
（2）六经定法
（3）杂病论
（4）痢疾三字诀
（5）小儿吐泻证治
（6）痘疹真诠

553 曹氏伤寒金匮发微合刊 1956

曹家达（颖甫）注
子目：
（1）伤寒发微
（2）金匮发微

554 **曹炳章先生遗稿** 1954

曹炳章（赤电）编撰

子目：

第一部分

（1）国产人参通考十七卷

（2）国产桂枝考三卷

（3）沉香考二卷附伽南香考一卷

（4）龙涎香考二卷

（5）琥珀考一卷

（6）白木耳考一卷

（7）鹿茸通考六卷

（8）犀牛角考三卷

（9）化龙骨考三卷附龙齿考一卷

（10）麝香考二卷

（11）真珠谱四卷

（12）燕窝考一卷

（13）蛇谱五卷

（14）鼠谱四卷

（15）哈什蟆考一卷

（16）冬虫夏草考一卷

第二部分

（17）家庭卫生饮食常识上编二卷下编十二卷

第三部分

（18）三焦体用通考三卷

（19）暑病证治要略一卷

（20）霍乱证治要略一卷

（21）瘟痧证治要略一卷

（22）肾病与肾气丸广义四卷

555　雪潭居医约　1641

（明）陈澈编　徐世荫校

子目：

（1）格致余论

（2）脉色解微

（3）疾病阐疏

（4）六淫分类

（5）内伤条辨

（6）杂症汇考

（7）女科正录

（8）药症忌宜

556　推拿精要推拿秘书合编　1919

沈皓（朗秋）辑录

子目：

（1）推拿精要

（2）幼科推拿秘书

557　接骨方书五种　1911

著者佚名

子目：

（1）接骨入骱金枪杖伤一切杂症

（2）秘传接骨金疮秘方

（3）叶宝太传接骨秘方

（4）秘传杖丹膏散丸末方

（5）稽氏家训与接骨方

558 救伤秘旨跌损妙方合刻 1877

著者佚名

子目：

(1) 救伤秘旨/（明）异远真人撰

(2) 跌损妙方/（清）赵廷海辑 管颂声校

559 眼科三种 1914

江东书局编

子目：

(1) 银海精微二卷/原题（唐）孙思邈撰

(2) 审视瑶函六卷/（明）傅仁宇撰

(3) 眼科百问二卷/（清）王子固编

560 眼科四种 1914

编者佚名

子目：

(1) 银海精微二卷/原题（唐）孙思邈撰

(2) 审视瑶函六卷/（明）傅仁宇撰

(3) 眼科百问二卷/（清）王子固编

(4) 银海指南四卷/（清）顾锡撰

561 眼科捷径伤寒舌鉴达生编合刊 1908

编者佚名

子目：

(1) 眼科捷径/著者佚名

(2) 伤寒舌鉴/（清）张登撰

(3) 达生编/（清）亟斋居士

562 铜人图经徐氏针灸合刻 1465

明太医院参订

子目：

（1）铜人腧穴针灸图经三卷/（宋）王惟一编

（2）徐氏针灸大全六卷/（明）徐凤编

563 盘珠集 1761

（清）施雯（澹宁）等撰

子目：

（1）气运摘要

（2）脉法大成二卷

（3）胎产证治三卷

（4）虚损启微二卷

（5）得配本草十卷

564 麻科合璧

见《郁谢麻科合璧》

565 麻疹合编 1932

杨与昌辑

子目：

（1）麻科活人全书/（清）谢玉琼辑

（2）麻疹阐注/（清）张廉阐注

（3）白喉治法忌表抉微/（清）耐修子著

（4）麻科活人全书

（5）麻疹阐注

（6）白喉治法忌表抉微

566　**庸隐室医书三种**　1935

刘受祖撰
子目:
(1) 医庸新语
(2) 家庭医鉴
(3) 医案偶存

567　**章氏重订补注汤头歌括**

见《汤头钱数抉微》

568　**竟成堂医书三种**　1869

(清) 竟成堂主人编
子目:
(1) 妇婴至宝六卷/(清) 亟斋居士撰
(2) 摘录妇科指归产后方/(清) 曾鼎撰
(3) 随缘便录/著者佚名

569　**惊风辨证必读书**　1892

(清) 庄一夔 (在田) 等撰
子目:
(1) 福幼编
(2) 治验录
(3) 急惊风证论

570　**逯南轩谢蘧乔先生医书二种**　1882

(清) 谢应材编
子目:
(1) 咽喉论/(清) 逯南轩撰

（2）谢氏医书二种/（清）谢应材撰　附扬州存济堂药局膏药方

571　续刻验方三种　1911

著者佚名

子目：

（1）续刻妇科各方

（2）续刻杂科验方

（3）缺

十 二 画

572　博物知本　1691

（清）尤乘（生洲、无求子）辑

子目：

（1）脏腑性鉴二卷/（清）尤乘增补

（2）经络全书二卷/前编（明）沈子禄撰　后编（明）徐师鲁撰

（3）药品辨义三卷/（明）贾所学撰　（清）尤乘增补

573　韩氏医书六种　1897

（清）韩善徵（止轩）撰

子目：

（1）疟疾论三卷

（2）痢疾论四卷

（3）时病撮要一卷

（4）阳痿论二卷

(5) 金匮杂病辨三卷
(6) 醒世琐言一卷

574　韩氏医课　1897

(清) 韩氏撰　韩鸿校补
子目:
(1) 本草撮要类编/(清) 王荩臣撰
(2) 金匮方歌括
(3) 医方歌括
(4) 温病方歌
(5) 霍乱方歌
(6) 景岳新方八阵歌
(7) 十剂选时方歌

575　援生四书　1853

(清) 田绵淮 (寒劲子) 撰
子目:
(1) 延命金丹
(2) 护身宝镜
(3) 本草省常
(4) 医方集锦

576　睇筠氏医稿八种　1949

睇筠辑
子目:
(1) 古方选要三卷
(2) 本草汇选
(3) 诸证要诀

(4) 要言随笔
(5) 时病摘要
(6) 眼科选文
(7) 见闻随笔
(8) 伤科集要

577 景氏医书二种 1923

景仰山撰
子目:
(1) 医学从正论
(2) 景氏医案

578 景岳全书六十四卷 1624

(明) 张介宾撰
子目:
(1) 传忠录三卷
(2) 脉神章三卷
(3) 伤寒典二卷
(4) 杂证谟二十九卷
(5) 妇人规二卷
(6) 小儿则二卷
(7) 痘疹诠四卷
(8) 外科钤二卷
(9) 本草正二卷
(10) 新方八略
(11) 新方八阵
(12) 古方八阵八卷
(13) 妇人规古方一卷

（14）小儿则古方一卷
（15）痘疹诠古方一卷
（16）外科钤古方一卷

579 **喉科七种** 1907

编者佚名
子目：
（1）喉科秘方/（清）杨龙九撰
（2）喉科秘本/著者佚名
（3）喉科抱珍集/著者佚名
（4）喉科要领/著者佚名
（5）曾氏世传喉科/曾氏撰
（6）喉科家藏秘宝全书/著者佚名
（7）破头黄真人喉科三十症全部/著者佚名

580 **喉科三种** 1911

编者佚名
子目：
（1）喉科指掌六卷/（清）张宗良撰
（2）咽喉脉证通论一卷/著者佚名
（3）京城白喉外治三法一卷/（清）连自华撰

581 **喉科四种** 1880

原署（清）陈念祖（修园）编　刘藩校
子目：
（1）咽喉脉证通论
（2）洞主仙师白喉治法忌表诀微
（3）喉痧正的

(4) 急救喉痧要法

582 喻氏医书三种 1661

又名喻氏遗书三种

(清) 喻昌 (嘉言、西昌老人) 撰

子目:

(1) 医门法律六卷

(2) 尚论篇四卷尚论后篇四卷

(3) 寓意草

583 喻氏遗书三种 1661

见《喻氏医书三种》

584 喻嘉言先生伤寒尚论篇全书 1667

(清) 喻昌 (嘉言、西昌老人) 撰

子目:

(1) 尚论篇四卷/ (清) 喻昌撰

(2) 伤寒尚论篇编次仲景原文一卷/ (清) 喻昌编

(3) 伤寒百十三方发明一卷/ (清) 徐彬撰

(4) 伤寒抉疑一卷/ (清) 徐彬撰

(5) 伤寒图解一卷/ (清) 徐彬撰

585 程吉轩医案 1804

见《吉轩医案》

586 程尔资抄辑医书八种 1850

(清) 程尔资辑

子目:

(1) 伤寒摘粹秘览

（2）秘传哑科证治
（3）经验治蛊奇方
（4）女科
（5）幼科
（6）痘疮切要总说
（7）治痘真诀
（8）痘疮解惑论

587 **程刻秘传医书四种** 1794

（清）程永培（瘦樵）编
子目：
（1）褚氏遗书/（南齐）褚澄撰
（2）相儿经/严助撰
（3）脉经/（唐）甄权撰
（4）玄女房中经/（唐）孙思邈撰

588 **傅青主男女科**

又名征君男女科全集、傅征君全集 1827
（清）傅山著
子目：
（1）傅青主男科
（2）傅青主女科附产后编

589 **傅征君全集** 1827

见《傅青主男女科》

590 **痘科证治八种** 1911

著者佚名

子目：

（1）痘科症诀

（2）摘选杂症

（3）痘科秘要

（4）痘科秘传

（5）论痘游戏篇

（6）诸公名方类聚

（7）痘疹辨症真诀

（8）金镜录痘科

591 **痘疹大全** 1601

（明）吴勉学（肖愚）编

子目：

（1）（类证注释）钱氏小儿方诀十卷/（宋）钱乙撰

（2）痘疹论二卷/（宋）闻人规撰

（3）小儿痘疹方论/（宋）陈文中撰

（4）痘疹方论/（明）蔡维藩撰

（5）陈蔡二先生合并痘疹方/（宋）陈文中 （明）蔡维藩撰

（6）博爱心鉴二卷/（明）魏直撰

（7）痘疹宝鉴二卷/著者佚名

（8）博集稀痘方论二卷/（明）郭子章撰

592 **痘疹四合全书** 1676

（清）吴学损（损庵）编

子目：

（1）痘疹金镜录真本

（2）痘疹百问秘本

（3）痘疹心法
（4）痘疹图像善本

593　痘疹四种　1601

（明）吴勉学（肖愚）编
子目：
（1）博集稀痘方论二卷/（明）郭子章撰
（2）陈氏小儿痘疹方论/（宋）陈文中撰
（3）蔡氏小儿痘疹方论/（明）蔡维藩撰
（4）陈蔡二先生合并痘疹方/（宋）陈文中　（明）蔡维藩撰

594　痘疹全书　1549

（明）万全（密斋）编
子目：
（1）痘疹碎金赋二卷
（2）痘疹世医心法十二卷
（3）痘疹玉髓二卷附痘疹玉髓方

595　痧法备旨　1852

编者佚名
子目：
（1）痧症指微集/（清）管颂声编
（2）秘授治痧要略/（清）欧阳调律撰

596　痧症指微吊脚痧方论合刻　1907

编者佚名
子目：
（1）痧症指微/（清释）普净撰　马文植加评

(2) 吊脚痧方论/(清)徐子默撰

597 痧疹合刻 1847

见《痧疹秘要三书》

598 痧疹秘要三书 1847

又名痧疹合刻
(清)金菊唫编
子目:
(1) 秘传烂喉痧治法
(2) 痧疹三家要论
(3) 瘖疹治法要略

599 痧痘集解 1727

(清)俞茂鲲(天池)集解
子目:
(1) 痘科金镜赋集解二卷
(2) 痘疹杂说
(3) 疹痘秘旨合一卷
(4) 痘疹心法条辨
(5) 痘科集录心得
(6) 痘症治验合二卷
(7) 痘科方药集解一卷

600 善成堂增订士材三书 1667

见《士材三书》

601 普济全书 1860

编者佚名

子目：

（1）达生篇三卷/（清）亟斋居士撰　附经验良方一卷/刘九思撰

（2）痘科慈航三卷/（明）聂尚恒撰

602　遂生福幼合编

见《庄氏慈幼二书》

603　曾女士医学全书　1906

（清）曾懿（伯渊）撰

子目：

（1）诊病要诀一卷

（2）寒温指南四卷

（3）杂症秘笈一卷

（4）妇科良方一卷

（5）幼科指迷一卷

（6）外科纂要一卷

604　曾氏医书四种　1814

（清）曾鼎撰

子目：

（1）医宗备要三卷

（2）幼科指归二卷

（3）痘疹会通四卷

（4）妇科指归四卷

605　温氏医书三种　1886

（清）温存厚撰

子目：

（1）温病浅说

（2）温氏医案

（3）小儿急惊风治验

606 温热条辨温热经纬合刻 1852

见《吴王二温合刻》

607 谢元庆医书三种 1842

（清）谢元庆（蕙庭）编著

子目：

（1）良方集腋二卷

（2）良方集腋合璧二卷

（3）妇婴至宝六卷

608 飧庭口诀等四种 1832

（日）佐藤氏辑

子目：

（1）飧庭口诀/（日）飧庭东庵撰

（2）经穴图/著者佚名

（3）乳岩辨一卷/（日）华冈震撰

（4）产科手术秘录/（日）奥田道一撰

十 三 画

609 颐身集 1852

（清）叶志诜（廷芳、东卿）编

子目：
(1) 摄生消息论二卷/（元）丘处机撰
(2) 修龄要旨/（明）冷谦撰
(3) 勿药元诠/（清）汪昂撰
(4) 寿人经/（清）汪昂撰
(5) 延年九转法/（清）方开撰

610 颐养十五种 1591

见《高濂等气功著作》

611 雷氏三种

见《医学三书》

612 雷氏慎修堂医书三种

见《医学三书》

613 摄生二种合抄 1591

著者佚名
子目：
(1) 摄生要语/（明）邓调元辑
(2) 摄生三要/（明）袁黄撰

614 摄生总要 1638

又名摄生秘剖选要四种
(明) 洪基（九有）撰
子目：
(1) 石渠阁精订摄生秘剖四卷
(2) 种子全编

（3）精订摄生种子秘剖二卷
（4）陈希夷房术玄机中萃纂要

615 摄生秘剖卫生秘要种子秘方合刻 1638

（明）洪基（九有）等撰
子目：
（1）摄生秘剖四卷
（2）卫生秘要二卷
（3）房术奇书二卷
（4）种子秘方
（5）金精直指

616 摄生秘剖选要四种 1638

见《摄生总要》

617 鉴轩医书二种 1866

（清）谢希轼编
子目：
（1）笔花医镜四卷/（清）江涵暾撰
（2）验方新编十六卷/（清）鲍相敖编

618 鲍氏汇校医书四种 1828

（清）鲍泰圻编
子目：
（1）伤寒类书活人总括七卷/（宋）杨士瀛撰
（2）传信适用方四卷/（宋）吴彦夔撰
（3）产宝诸方/著者佚名
（4）急救仙方六卷/著者佚名

619 **新中医五种** 1931

王仁叟编

子目：

（1）气化真理

（2）经脉穷源

（3）症治会通

（4）病案实录

（5）药物格要

620 **新中国医学院讲义四种** 1940

上海新中国医学院编

子目：

（1）针灸学讲义

（2）妇科学讲义

（3）儿科学讲义

（4）药物学讲义

621 **新医学中药治疗法古方新医学解说合编** 1930

卢谦（抑甫）撰

子目：

（1）新医学中药治疗法

（2）古医方新医学解说

622 **新国医讲义十三种** 1937

尉稼谦编

子目：

（1）内经病理学

(2) 诊断学
(3) 药物学
(4) 国药科学制造法
(5) 时疫科
(6) 伤寒科
(7) 妇女科
(8) 内科杂病学
(9) 小儿科
(10) 外科
(11) 眼科
(12) 咽喉科
(13) 临证实验录

623 新国医讲义教材十四种 1937

又名天津国医函授学院讲义
天津国医函授学院编
子目:
(1) 伤寒科
(2) 温病科
(3) 药物科
(4) 小儿科
(5) 妇女科
(6) 内科杂病
(7) 外科、眼科
(8) 咽喉科
(9) 骨科、针科
(10) 内经病理
(11) 脉学

(12) 生理学
(13) 时疫
(14) 临症实验录

624 **新注医学辑著解说** 1930

曹秉征（荫南）撰
子目：
(1) 伤寒法解正伪十卷
(2) 六经法门
(3) 分经辨证定法
(4) 四大诊法
(5) 药性精髓
(6) 六经证治歌诀
(7) 女科证治歌诀
(8) 小儿科证治歌诀
(9) 眼目科证治歌诀

625 **慎柔五书** 1636

（明）胡慎柔（住想）撰 （清）石震（瑞章） 顾元交（焉文）编订
子目：
(1) 慎柔师训一卷
(2) 医劳历例一卷
(3) 虚损一卷
(4) 痨瘵一卷
(5) 慎柔医案一卷

626 **慎斋三书** 1573

（明）周之干（慎斋）撰 （明）查万合（了吾）编

子目：
(1) 口授纪录一卷
(2) 内伤杂语一卷
(3) 医案一卷

627 **慈幼新书三种** 1777

又名达生遂生福幼合编
(清) 庄一夔撰
子目：
(1) 福幼编/(清) 亟斋居士撰
(2) 遂生编/(清) 庄一夔撰
(3) 达生编/(清) 庄一夔撰

628 **慈航集要** 1922

(清) 方略 (南薰) 撰
子目：
(1) 脉诀集要一卷
(2) 辨证集要一卷

629 **福济全珍** 1843

(清) 王质斋编
子目：
(1) 遂生编/(清) 庄一夔撰
(2) 福幼编/(清) 庄一夔撰
(3) 良方集要/(清) 周鹤群编
(4) 经验良方/(清) 李嘉祥编

630 **辟阴集说** 1890

(清) 吟香馆主人编

子目：
(1) 伤寒疑难危症治验/(清)喻嘉彦撰
(2) 肾虚非阴症论/(清)徐大椿撰
(3) 阴症/(清)叶桂撰
(4) 伤寒寻源/(清)吕搽村撰
(5) 夹阴伤寒说/(清)陆懋修撰
(6) 医学实在易/(清)陈念祖撰

十 四 画

631 毓芝堂医书四种 1812

(清)汪和鼎编
子目：
(1) 宜麟策一卷附续篇一卷/(明)张介宾撰
(2) 达生篇/(清)亟斋居士撰
(3) 保婴易知录/(清)吴宁澜撰
(4) 丛桂山房集验良方/著者佚名

632 瘟疫传症汇编 1776

(清)熊立品(圣臣、松园老人)编
子目：
(1) 治疫全书六卷附辨孔琐言
(2) 痢疟纂要八卷
(3) 痘麻绀珠六卷

633 翟氏医书五种汇刻 1628

(明)翟良(玉华)编

子目：
(1) 痘疹汇编释意三卷
(2) 疹科纂要
(3) 方药治症提纲
(4) 脉诀汇编说统
(5) 经络汇编释义

十 五 画

634 **趣园医学便读** 1911

见《医学便读》

635 **增订太乙神针实验特效灸法家庭应用良方合编** 1936

弘化社编
子目：
(1) 增订太乙神针
(2) 实验特效灸法
(3) 家庭应用良方

636 **增辑普济应验良方** 1867

见《寿世汇编》

637 **霄鹏先生遗著** 1911

(清) 黄保康 (霄鹏) 撰 黄任恒 (秩南) 编
子目：
(1) 贻令堂医学三书
(2) 医林猎要四卷

（3）吴鞠通方歌一卷卷首一卷
（4）陈修园方歌一卷卷首一卷
（5）贻令堂杂俎
（6）与婿遗言

638 霉疠新书 1786

（日）片仓元周撰
子目：
（1）理霉新书
（2）理疠新书

639 影印元明善本丛书 1938

商务印书馆辑
子目：
（1）针经节要/（元）杜思敬节抄
（2）杂类名方/（元）杜思敬编
（3）云岐子论经络迎随补泻法/（元）张璧撰
（4）云岐子七表八里九道脉诀论并治法/（元）张璧撰
（5）云岐子保命集论类要/（元）张璧撰
（6）窦太师流注指要赋/（金）窦默撰
（7）针经摘英集/著者佚名
（8）洁古珍珠囊/（金）张元素撰
（9）洁古家珍/（金）张元素撰
（10）医学发明/（元）朱震亨撰
（11）活法机要/（元）朱震亨撰
（12）脾胃论/（金）李杲撰
（13）兰室秘藏/（金）李杲撰
（14）此事难知/（元）王好古撰

(15) 医垒元戎/(元)王好古撰
(16) 阴证略例/(元)王好古撰
(17) 癍论萃英/(元)王好古撰
(18) 卫生宝鉴/(元)罗天益撰
(19) 田氏保婴集/著者佚名

640 影印古本医学丛书 1930

钱季寅辑

子目:

第一集

(1) 古本难经阐注二卷/(清)丁锦注
(2) 伤寒撮要四卷/(清)王梦祖撰
(3) 辨脉平脉章句二卷/(清)周学海撰
(4) 本草衍义二十卷/(宋)寇宗奭撰
(5) 女科秘旨八卷/(清释)轮应撰

第二集

(6) 难经悬解二卷/(清)黄元御撰
(7) 伤寒寻源三卷/(清)吕震名撰
(8) 金匮钩玄三卷/(元)朱震亨撰
(9) 医门补要三卷/(清)赵濂撰
(10) 针灸要旨三卷/(明)高武撰

641 影钞文溯阁四库全书医书十二种 1782

(清)纪昀(晓岚)等原编

子目:

(1) 本草乘雅半偈十卷/(明)卢之颐撰
(2) 得宜本草/(清)王子接撰
(3) 针灸资生经七卷/(宋)王执中撰

（4）扁鹊神应针灸玉龙经/（元）王国瑞撰
（5）伤寒微旨论二卷/（宋）韩祗和撰
（6）伤寒总病论六卷附二卷/（宋）庞安时撰
（7）旅舍备要方/（宋）董汲编
（8）博济方五卷/（宋）王衮编
（9）集验背疽方/（宋）李迅撰
（10）妇人良方二十四卷/（宋）陈自明撰
（11）世医得效方二十卷/（元）危亦林撰
（12）脚气治法总要二卷/（宋）董汲撰

642　墨娥小录　1368

辑者不详
子目：
（1）医方捷法
（2）房中秘药

643　稿本医书五种　1858

（清）蒋杏桥（锡荣）撰
子目：
（1）救急
（2）便宜附良方纂要
（3）诸痛
（4）妇女附保儿举要
（5）痘疹附麻疹

644　鲟溪陆氏医述　1920

陆晋笙（锦燧）辑
子目：
（1）要药选/陆咏媞辑

(2) 用药禁忌书二卷/陆循一辑
(3) 病症辨异四卷/陆成一辑
(4) 外候答问十二卷/陆晋笙辑
(5) 鲟溪单方选二卷/陆晋笙辑
(6) 鲟溪外治方选二卷/陆晋笙辑
(7) 重古三何医案三卷/陆晋笙辑
(8) 景景医话附医谈录旧陆晋笙辑
(9) 鲟溪医案选摘要四卷/陆詠叕辑

645 **遵生八笺** 1591

(明) 高濂 (深甫、瑞南道人) 编
子目:
(1) 清修妙论笺二卷
(2) 四时调摄笺四卷
(3) 起居安乐笺二卷
(4) 延年却病笺二卷
(5) 饮馔服食笺三卷
(6) 燕闲清赏笺三卷
(7) 灵秘丹药笺二卷/(清) 高濂编
(8) 尘外遐举笺一卷

646 **遵生集要** 1799

又名醒医六书
(清) 杨润校刊 (清) 曹施周参定
子目:
(1) 瘟疫论附补遗/(明) 吴有性撰
(2) 舌镜附舌苔诸方/(元) 杜清碧撰
(3) 增补方论/(清) 景冬阳撰

(4) 存存书屋摘抄/（清）戴天章撰
(5) 咽喉总论/著者佚名
(6) 产宝家传/（清）倪东溟著

647 **潜斋医书三种** 1838

（清）王士雄（孟英、潜斋、随息居士）撰
子目:
(1) 王氏医案二卷/（清）周铢编
(2) 医案续编八卷/（清）张鸿编
(3) 霍乱论四卷/（清）王士雄撰

648 **潜斋医书五种** 1838

又名潜斋遗书五种
（清）王士雄（孟英、潜斋、随息居士）撰
子目:
(1) 王氏医案二卷/（清）周铢编
(2) 王氏医案续编八卷/（清）张鸿编
(3) 随息居重订霍乱论四卷/（清）王士雄撰
(4) 温热经纬五卷/（清）王士雄撰
(5) 随息居饮食谱八卷/（清）王士雄撰

649 **潜斋医学丛书十四种** 1892

（清）王士雄（孟英、潜斋、随息居士）编
子目:
(1) 重庆堂随笔二卷/（清）王学权撰 （清）王国祥注
(2) 医砭一卷/（清）徐大椿撰 （清）张鸿注
(3) 言医一卷/（清）裴一中撰 （清）王士雄评
(4) 愿体医话良方一卷/（清）史典撰 （清）俞世贵补

（5）柳洲医话良方一卷/（清）魏之琇撰　（清）王士雄编
（6）潜斋简效方一卷附医话/（清）王士雄撰
（7）四科简效方四卷/（清）王士雄撰
（8）霍乱论二卷/（清）王士雄撰
（9）女科辑要二卷/（清）沈尧封撰　（清）徐政杰　（清）王士雄注
（10）古今医案按选四卷/（清）俞震撰　（清）王士雄选　（清）杨照藜评
（11）王氏医案二卷/（清）周镕编
（12）王氏医案续编八卷/（清）张鸿编
（13）王氏医案三编三卷/（清）徐然石编
（14）归砚录（节录）四卷/（清）王士雄撰

650　潜斋医学丛书八种　1892

（清）王士雄撰
子目：
（1）言医一卷/（清）斐一中撰　（清）王士雄评选
（2）愿体医话良方一卷/（清）史典撰　（清）俞世贵补
（3）慎疾刍言/（清）徐灵胎撰　张鸿补辑
（4）霍乱论二卷/（清）王士雄撰
（5）潜斋简效方一卷附医话/（清）王士雄撰
（6）柳洲医话良方/（清）魏之琇撰
（7）女科辑要二卷/（清）沈尧封编
（8）重庆堂随笔二卷/（清）王学权撰　（清）王国祥注

651　潜斋遗书五种　1838

见《潜斋医书五种》

652 潘刻医书四种 1883

（清）潘仕成辑

子目：

（1）外科证治全生集/（清）王维德撰

（2）咽喉秘集二卷/吴张氏原本海山仙馆编

（3）痧症全书三卷/（清）王凯编

（4）异授眼科/著者佚名

653 豫医双璧 1909

（清）吴重憙（仲怿）编

子目：

（1）伤寒补亡论二十卷/（宋）郭雍撰

（2）儒门事亲十五卷/（金）张从正撰

十 六 画

654 薛氏全书 1529

又名薛氏医案十六种

（明）薛己等撰

子目：

（1）妇人良方二十四卷/（宋）陈自明撰 （明）薛己注

（2）保婴撮要二十卷 （明）薛铠编

（3）明医杂著六卷/（明）王纶编 （明）薛己注

（4）外科精要三卷/（宋）陈自明编 （明）薛己注

（5）外科枢要四卷/（明）薛己撰

（6）钱氏小儿药证直诀/（宋）钱乙撰 （明）薛己注

(7) 原机启微三卷/（元）倪维德撰

(8) 内科摘要二卷/（明）薛己撰

(9) 女科撮要二卷/（明）薛己注

(10) 疠疡机要三卷/（明）薛己撰

(11) 正体类要二卷/（明）薛己撰

(12) 陈氏小儿痘疹方论一卷/（宋）陈文中撰 （明）薛己注

(13) 保婴粹要/（明）薛己撰

(14) 口齿类要/（明）薛己撰

(15) 保婴金镜录/（明）薛己注

(16) 敖氏伤寒金镜录/（元）杜本编

655 **薛氏医案二十四种** 1529

（明）薛己等撰/（明）吴琯辑

又名薛院判医案二十四种、薛院判医书二十四种、薛立斋医案全集

子目：

(1) 十四经发挥三卷/（元）滑寿撰

(2) 难经本义二卷/（战国）秦越人撰 （元）滑寿注

(3) 本草发挥四卷/（明）徐彦纯辑

(4) 平治会萃三卷/（元）朱震亨撰

(5) 内科摘要二卷/（明）薛己撰

(6) 明医杂著六卷/（明）王纶编 （明）薛己注

(7) 伤寒钤法一卷/（元）马宗素撰

(8) 外科金镜录一卷/（明）薛己订

(9) 原机启微二卷附一卷/（元）倪维德撰

(10) 保婴撮要二十卷/（明）薛铠编

(11) 钱氏小儿药证直诀四卷/（宋）钱乙撰 （明）薛己注

(12) 陈氏小儿痘疹方论一卷/(宋)陈文中撰 (明)薛己注

(13) 保婴金镜录一卷/(宋)钱乙撰 (明)薛己注

(14) 妇人良方二十四卷/(宋)陈自明撰 (明)薛己注

(15) 女科撮要二卷/(宋)陈自明编 (明)薛己注

(16) 外科发挥八卷/(宋)陈自明编 (明)薛己注

(17) 外科心法七卷/(宋)陈自明撰 (明)薛己注

(18) 外科枢要四卷/(宋)陈自明编 (明)薛己注

(19) 痈疽神秘验方/(明)陶华编

(20) 外科经验方/(明)薛己撰

(21) 外科精要三卷/(宋)陈自明撰 (明)薛己注

(22) 正体类要二卷/(明)薛己撰

(23) 口齿类要/(明)薛己撰

(24) 疠疡机要三卷/(明)薛己撰

656 **薛氏医案十六种**

见《薛氏医全书》

657 **薛院判医案二十四种** 1529

见《薛氏医案二十四种》

658 **薛院判医书二十四种** 1529

见《薛氏医案二十四种》

659 **薛立斋医案全集** 1529

见《薛氏医案二十四种》

660 **薛氏医案十种** **成书年代不详**

（明）胡正心辑

子目：

（1）五运六气详解一卷/（明）董玹编

（2）内科摘要二卷/（明）薛己撰

（3）金镜录伤寒论证舌法图说一卷/（元）杜本编

（4）伤寒秘要二卷/（明）董玹撰

（5）伤寒五法二卷/（明）陈长卿撰

（6）原机启微三卷/（元）倪维德撰

（7）痘疹撮要四卷/（明）薛己撰

（8）陈氏小儿痘疹方论二卷/（宋）陈文中撰 （明）薛己注

（9）女科撮要二卷/（明）薛己撰

（10）外科枢要四卷/（明）薛己撰

661 **薛氏医案八种** **成书年代不详**

（明）薛己撰

子目：

（1）钱氏小儿药证直诀四卷

（2）原机启微三卷

（3）外科枢要三卷

（4）疠疡机要三卷

（5）正体类要二卷

（6）外科精要三卷

（7）明医杂著五卷

（8）保婴撮要七卷

662　薛氏医案九种　成书年代不详

（明）薛己撰

子目：

（1）内科摘要二卷/（明）薛己撰

（2）原机启微二卷/（元）倪维德撰

（3）原机启微附余一卷/（明）薛己撰

（4）保婴金镜录

（5）痘疹撮要四卷/（明）薛己撰

（6）痘疹方论二卷/（明）薛己撰

（7）女科撮要二卷/（明）薛己撰

（8）嗣产法论

（9）外科枢要四卷/（明）薛己撰

663　薛生白医书二种　1881

（清）薛雪（生白、一瓢、扫叶老人）撰

子目：

（1）医师秘籍

（2）湿热条辨

664　薛注儿科医书　1529

（明）薛己（新甫、立斋）纂注

子目：

（1）保婴撮要

（2）保婴金镜录

（3）校注钱氏小儿直诀

（4）陈氏小儿痘疹方论

665　**醒医六书**

见《遵生集要》

666　**儒门医宗总略**　1871

（清）熊煜奎（吉臣、晓轩）撰

子目：

（1）医学源流四卷

（2）方药类编四卷

667　**濒湖脉学奇经八脉考脉诀考证**　1603

（明）李时珍撰

子目：

（1）濒湖脉学

（2）奇经八脉考

（3）脉诀考证

十　九　画

668　**蘧斋医学存稿两种**　1887

（清）黄誉邨（蘧斋）撰

子目：

（1）景岳发挥订误

（2）治疾日记

669　**韡园医学六种**　1883

（清）潘霨（伟如、韡园）编

子目：

(1) 伤寒论类方四卷附长沙方歌括/（清）徐大椿编　潘霨增辑

(2) 医学金针八卷/（清）陈念祖撰

(3) 女科要略附产宝/（清）潘霨增编

(4) 理瀹外治方要二卷附应验诸方/（清）吴尚先撰

(5) 外科证治全生集四卷/（清）王维德编

(6) 十药神书

附

霍乱吐泄方论、官药局示谕夏令施诊歌诀/（元）葛可久编（清）潘霨校注

二　十　画

670　**灌园四书摘**　1928

（清）唐成之（求是庐主人）摘录

子目：

(1) 医方集要二卷

(2) 随证知方一卷

(3) 万病回春一卷

(4) 幼科捷法

·综合汇编类丛书·

综合汇编类丛书书名目录字头笔画检字

综合汇编类丛书书名目录

二 画

三 画

四 画

五 画

六　画

七　画

八　画

九　画

十 画

十 一 画

十 二 画

十 三 画

十 四 画

十 五 画

十 六 画

十 七 画

十 九 画

二十一画

综合汇编类丛书子目

二　画

671　**二十二子**　1875

（清）浙江书局辑

医书子目：

（1）补注黄帝内经素问二十四卷

（2）素问遗篇一卷

（3）灵枢十二卷/（唐）王冰注　（宋）林亿新校正　（宋）孙兆重改误遗篇　（宋）刘温舒原本

672　**二十五子汇函**　1893

（清）鸿文书局辑

医书子目：

（1）黄帝内经素问二十四卷

（2）素问遗篇一卷

（3）灵枢十二卷/（唐）王冰注　（宋）林亿新校正　（宋）孙兆重改误　遗篇/（宋）刘温舒原本

673　**十万卷楼丛书**　1876

（清）陆心源（刚甫、存斋、潜园老人）辑

医书子目：

(1) 本草衍义十二卷/（宋）寇宗奭撰

(2)（注解）伤寒发微论二卷/（宋）许叔微撰

(3)（注解）伤寒百证歌五卷/（宋）许叔微撰

(4) 阴证略例一卷/（元）王好古撰

(5) 史载之方二卷/（宋）史堪撰

(6) 卫生家宝产科备要八卷/（宋）朱端章撰

(7) 医经正本书一卷/（宋）程迥撰

(8) 圣济经十卷/（宋）徽宗敕撰

674 **了凡杂著** **成书年代不详**

(明）袁黄撰

医书子目：

祈嗣真诠一卷

三 画

675 **三余堂丛刻医书四种** 1927

林仕荷编

医书子目：

(1) 痧胀玉衡书三卷卷末一卷/（清）郭志邃撰

(2) 疫痧草一卷/（清）陈耕道撰

(3) 时疫白喉捷要一卷/（清）张绍修撰

(4) 吊脚痧论一卷/（清）徐子默撰

676 **三益集** 1815

（清）李天锡辑

医书子目：
笔花医镜四卷/（清）江涵暾撰

677 士礼居黄氏丛书 1818

（清）黄丕烈辑
医书子目：
（1）伤寒总病论六卷附札记一卷/（宋）庞安时撰
（2）洪氏集验方五卷/（宋）洪遵撰

678 大雅堂订正枕中书 1368

又名李卓吾先生秘书八种、大雅堂藏书
（明）李贽撰
医书子目：
养生醍醐一卷

679 大雅堂藏书

见《大雅堂订正枕中书》

680 大鹤山房全书 1912

郑文焯撰
医书子目：
医故二卷附录一卷

681 万有文库 1929

商务印书馆辑
医书子目：
第一集
（1）补注黄帝内经素问二十四卷/（唐）王冰注

(2) 灵枢经十二卷
(3) 本草纲目五十二卷/(明)李时珍撰
(4) 中医浅说/沈乾一编
(5) 中药浅说/丁福保编

第二集

(6) 脉经十卷/(晋)王叔和撰
(7) 饮膳正要/(元)忽思慧撰

682 广汉魏丛书 1796

(明)何允中辑
医书子目:
(1) 周易参同契一卷/(汉)魏伯阳撰
(2) 抱朴子内篇四卷外篇四卷/(晋)葛洪撰

683 广百川学海 1368

(明)冯可宾辑
医书子目:
褚氏遗书一卷/(南齐)褚澄撰

684 小十三经 1522

(明)顾玄纬辑
医书子目:
胎息经一卷/(口)幻真先生注

685 小云巢丛刊 1876

(清)徐了缘辑
医书子目:
(1) 感证简易编

（2）医门指导
（3）感证分经举例
（4）时病指掌一览
（5）时方治法歌括
（6）成方利用歌诀
（7）沈氏伤科秘传

686 小石山房丛书 1874

（清）顾湘辑
医书子目：
（1）山家清供一卷/（宋）林洪撰
（2）勿药须知一卷/（清）尤乘撰

687 子书二十八种 1911

（清）育文书局辑
医书子目：
（1）补注黄帝内经素问二十四卷
（2）素问遗篇一卷
（3）黄帝内经灵枢十二卷/（唐）王冰注 （宋）林亿新校正 （宋）孙兆重改误
（4）遗篇/（宋）刘温舒原本

688 子书二十三种 1897

（清）浙江书局辑
医书子目：
（1）补注黄帝内经素问二十四卷
（2）素问遗篇一卷
（3）黄帝内经灵枢十二卷/（唐）王冰注 （宋）林亿新校

正　（宋）孙兆重改误

（4）遗篇/（宋）刘温舒原本

689　子书百家 1931

又名百子全书

（清）湖北崇文书局辑

医书子目：

（1）抱朴子内篇四卷外篇四卷/（晋）葛洪撰

（2）天隐子一卷/（唐）司马承祯撰

（3）胎息经疏一卷/（明）王文禄撰

（4）胎息经一卷/（口）幻真先生注

四　画

690　天禄琳瑯丛书第一集 1932

故宫博物院辑

医书子目：

（1）历代名医蒙求二卷

（2）释音一卷/（宋）周守忠撰

691　天壤阁丛书 1927

（清）王懿荣辑

医书子目：

内功图说一卷/（清）潘霨撰

692　云南丛书医类二种 1506

（明）兰茂（廷秀、止庵、和光道人）撰

子目：
（1）医门擥要二卷
（2）滇南本草三卷

693 廿二子全书 1833

（清）王纕堂辑
医书子目：
（1）天隐子一卷/（唐）司马承祯撰
（2）胎息经一卷/（明）王文禄撰

694 艺海珠尘 1820

（清）吴省兰（泉之）辑 （清）钱熙辅增辑
医书子目：
（1）黄帝授三子玄女经
（2）苏沈良方八卷/（宋）苏轼（宋）沈括撰
（3）一草亭目科全书一卷/（清）邓苑撰
（4）治蛊新方一卷/（清）路顺德撰 （清）缪福照重订
（5）伤寒论翼二卷/（清）柯琴撰

695 五朝小说大观 1926

辑者佚名
医书子目：
（1）南方草木状三卷/（晋）稽含撰
（2）褚氏遗书/（魏）褚澄撰
（3）相儿经一卷/（晋）严助撰
（4）大藏治病药一卷/（唐释）灵澈撰
（5）食谱一卷/（唐）韦巨源撰
（6）药谱一卷/（唐）侯宁极撰

(7) 蔬食谱一卷/(宋)陈达叟撰
(8) 禅本草一卷/(宋释)慧日撰
(9) 药义一卷/(宋)沈括撰
(10) 惠民药局记一卷/(宋)沈括撰
(11) 病逸漫记一卷/(明)陆釴撰
(12) 脚气集一卷/(宋)车若水撰
(13) 医闾漫记一卷/(明)贺钦撰

696 不礙轩读律六种 1807

(清)王有孚辑
医书子目:
急救方补遗一卷/(清)王有孚辑

697 长恩书室丛书 1854

(清)庄肇麟(木生)辑
医书子目:
(1) 旅舍备要方一卷/(宋)董汲撰
(2) 伤寒微旨论二卷/(宋)韩祗和撰
(3) 全生指迷方四卷/(宋)王贶撰

698 文惠全书 1912

(清)黄世荣撰
医书子目:
治疗偶记一卷

699 方壶外史 1606

(明)陆西星撰
医书子目:
(1) 周易参同契测疏

（2）周易参同契正义

700 双梅景闇丛书 1875

（清）叶德辉（奂彬）辑

医书子目：

（1）素女经一卷

（2）素女方一卷

（3）玉房秘诀一卷指要一卷

（4）洞玄子一卷

（5）天地阴阳交欢大乐赋一卷/（唐）白行简撰

701 水边林下 1645

原题（清）湖南漫士辑

医书子目：

（1）药异名谱/著者佚名

（2）服气法/（明）高濂辑

（3）种药疏/（元）俞宗本撰

（4）药谱/（唐）侯宁极撰

（5）仙灵卫生歌/（明）高濂撰

（6）二六功课一卷/（明）程羽文撰

（7）病榻寤言/（明）陆树生撰

（8）治病药/（唐释）灵澈撰

702 水陆攻守战略秘书七种 1853

（清）澼絖道人辑

医书子目：

军中医方备要二卷

五 画

703 **玉雨堂书记** 1851

（清）韩泰华辑

医书子目：

无冤录一卷/（元）王与撰

704 **玉函山房辑佚书续编** 1874

（清）王仁俊辑

医书子目：

（1）淮南枕中记一卷/（汉）刘安撰

（2）神农本草一卷/（魏）吴普等述

705 **古今说部丛书** 1910

国学扶轮社辑

医书子目：

（1）摄生要录一卷/（明）沈仕撰

（2）蔬食谱一卷/（宋）陈达叟撰

706 **古书隐楼藏书** 1904

（清）闵一得（苕旉）辑

医书子目：

（1）养生十三则阐微一卷/（清）闵一得纂

（2）琐言续一卷/（清）闵一得撰

707 古欢室全集 1906

（清）曾懿撰
医书子目：
医学编四卷

708 古愚老人消夏录 1795

又名古愚丛书
（清）汪汲（海阳竹林人、古愚）撰
医书子目：
（1）解毒编一卷
（2）怪疾奇书一卷
（3）汇集经验良方一卷

709 古愚丛书 1795

见《古愚老人消夏录》

710 龙威秘书 1794

（清）马俊良辑
医书子目：
晰狱龟鉴一卷/（宋）郑克撰

711 平津馆丛书 1808

（清）孙星衍（渊如）辑
医书子目：
（1）华氏中藏经三卷/原题（汉）华佗撰
（2）素女方一卷/著者佚名
（3）千金宝要六卷/（宋）郭思撰

（4）秘授清宁丸方一卷/（清）孙星衍辑

712 申报馆丛书 1908

（清）尊文阁主辑

医书子目：

（1）外科全生集/（清）王维德撰

（2）一草亭目科全书/（明）邓苑撰

（3）异授眼科/著者佚名

713 四库全书 1782

（清）纪昀（晓岚）等辑

医书子目：

（1）黄帝素问二十四卷/（唐）王冰注

（2）灵枢经十二卷/（宋）史崧音释

（3）难经本义二卷/（战国）秦越人撰 （元）滑寿注

（4）甲乙经八卷/（晋）皇甫谧撰

（5）金匮要略论注二十四卷/（汉）张机撰 （清）徐彬注

（6）伤寒论注十卷附伤寒明理论三卷 论方一卷/（汉）张机撰 （金）成无已注

（7）肘后备急方八卷/（晋）葛洪撰

（8）褚氏遗书一卷/（南齐）褚澄撰

（9）巢氏诸病源候论五十卷/（隋）巢元方撰

（10）千金要方九十三卷/（唐）孙思邈撰 （宋）郭思节辑

（11）银海精微二卷/（唐）孙思邈撰

（12）外台秘要四十卷/（唐）王焘撰

（13）颅囟经二卷/著者佚名

（14）铜人针灸经七卷/著者佚名

（15）西方子明堂灸经八卷/（原题）西方子撰

（16）博济方五卷/（宋）王衮撰

（17）苏沈良方八卷/（宋）苏轼 （宋）沈括集

（18）寿亲养老新书四卷/（宋）陈直撰 （元）邹铉续

（19）脚气治法总要二卷/（宋）董汲撰

（20）旅舍备要方一卷/（宋）董汲撰

（21）素问入式运气论奥三卷附黄帝内经素问遗篇一卷/（宋）刘温舒撰

（22）伤寒微旨二卷/（宋）韩祇和撰

（23）伤寒总病论六卷附音训一卷修治药法一卷/（宋）庞安时撰

（24）圣济总录纂要二十六卷/（清）程林删定

（25）证类本草三十卷/（宋）唐慎微撰

（26）全生指迷方四卷/（宋）王贶撰

（27）小儿卫生总微论方二十卷/著者佚名

（28）类证普济本事方十卷/（宋）许叔微撰

（29）太平惠民和济局方十卷附指南总论三卷/（宋）陈师文等编

（30）卫生十全方三卷附奇疾方一卷/（宋）夏德撰

（31）传信适用方二卷/（宋）吴彦夔撰

（32）卫济宝书二卷/东轩居士撰

（33）医说十卷/（宋）张杲撰

（34）针灸资生经七卷/（宋）王执中撰

（35）妇人大全良方二十四卷/（宋）陈自明撰

（36）太医局程文九卷/著者佚名

（37）三因极一病证方论十八卷/（宋）陈言撰

（38）产育宝庆方二卷/（宋）郭稽中撰

（39）集验背疽方一卷/（宋）李迅撰

（40）济生方八卷/（宋）严用和撰

（41）产宝诸方一卷/著者佚名

（42）仁斋直指二十六卷附伤寒类书活人总括七卷/（宋）杨士瀛（登父、仁斋）撰

（43）急救仙方六卷/著者佚名

（44）素问玄机原病式一卷/（金）刘完素撰

（45）黄帝素问宣明论方十五卷/（金）刘完素撰

（46）伤寒直格方三卷伤寒标本心法类萃二卷/（金）刘完素撰

（47）素问病机气宜保命集三卷/（金）张元素撰

（48）儒门事亲十五卷/（金）张从正撰

（49）内外伤辨惑论三卷/（金）李杲撰

（50）脾胃论三卷/（金）李杲撰

（51）兰室秘藏三卷/（金）李杲撰

（52）医垒元戎十二卷/（元）王好古撰

（53）此事难知二卷/（元）王好古撰

（54）汤液本草三卷/（元）王好古撰

（55）瑞竹堂经验方五卷/（元）沙图穆苏撰

（56）世医得效方二十卷/（元）危亦林撰

（57）格致余论一卷/（元）朱震亨撰

（58）局方发挥一卷/（元）朱震亨撰

（59）金匮钩玄三卷/（元）朱震亨撰

（60）扁鹊神应针灸玉龙经一卷/（元）王国瑞撰

（61）外科精义二卷/（元）齐德之撰

（62）脉诀刊误二卷附录二卷/（元）戴启宗撰

（63）医经溯洄集二卷/（元）王履撰

（64）普济方四百二十六卷/（明）朱橚撰

（65）推求师意二卷/（明）戴原礼撰

（66）玉机微义五十卷/（明）徐用诚撰 （明）刘纯续增

(67) 仁端录十六卷/(明)徐谦撰
(68) 薛氏医案七十八卷/(明)薛己撰
(69) 针灸问对三卷/(明)汪机撰
(70) 外科理例七卷附方一卷/(明)汪机撰
(71) 石山医案三卷附案一卷/(明)汪机撰 (明)陈桷编
(72) 名医类案十二卷/(明)江瓘编
(73) 赤水玄珠三十卷/(明)孙一奎撰
(74) 医旨绪余二卷/(明)孙一奎撰
(75) 证治准绳一百二十卷/(明)王肯堂撰
(76) 本草纲目五十二卷/(明)李时珍撰
(77) 奇经八脉考一卷/(明)李时珍撰
(78) 濒湖脉学一卷/(明)李时珍撰
(79) 伤寒论条辨八卷附本草钞一卷或问一卷痉书一卷/(明)方有执撰
(80) 先醒斋医学广笔记四卷/(明)缪希雍撰
(81) 神农本草经疏三十卷/(明)缪希雍撰
(82) 类经三十二卷/(明)张介宾编
(83) 景岳全书六十四卷/(明)张介宾编
(84) 温疫论二卷补遗一卷/(明)吴有性撰
(85) 痎疟论疏一卷/(明)卢之颐撰
(86) 本草乘雅半偈十卷/(明)卢之颐撰
(87)(御纂)医宗金鉴九十卷/(清)吴谦等纂
(88) 尚论篇八卷/(清)喻昌撰
(89) 医门法律十二卷附寓意草四卷/(清)喻昌撰
(90) 伤寒舌鉴一卷/(清)张登撰
(91) 伤寒兼证析义一卷/(清)张倬撰
(92) 绛雪园古方选注三卷附得宜本草一卷/(清)王子接撰

（93）续名医类案六十卷/（清）魏之琇撰
（94）神农本草经百种录一卷/（清）徐大椿撰
（95）兰台轨范八卷/（清）徐大椿撰
（96）伤寒类方一卷/（清）徐大椿撰
（97）医学源流论二卷/（清）徐大椿撰
（98）南方草木状三卷/（晋）嵇含撰
（99）救荒本草二卷/（明）朱橚撰
（100）野菜博录四卷/（明）鲍山撰
（101）遵生八笺十九卷/（明）高濂撰
（102）天隐子养生书一卷/著者佚名
（103）悟真篇注疏三卷附直指禅说/（宋）张伯端撰　翁葆光注/（元）载起宗疏
（104）周易参同契分章注三卷/（元）陈致虚撰
（105）抱朴子内外篇八卷/（晋）葛洪撰
（106）广群芳谱一百卷/（清）汪灏等撰

714　四库全书珍本初集　1934

中央图书馆筹备处辑
医书子目：
（1）脚气治法总要二卷/（宋）董汲撰
（2）集验背疽方一卷/（宋）李迅撰
（3）扁鹊神应针灸玉龙经一卷/（元）王国瑞撰

715　四明丛书　1930

张寿镛辑
医书子目：
（1）棠阴比事一卷/（宋）桂万荣撰
（2）摄生众妙方十一卷/（明）张时彻撰

716 四部丛刊 1919

张元济等辑

医书子目：

（1）（重广补注）黄帝内经素问二十四卷/（唐）王冰注（宋）林亿等校正

（2）黄帝素问灵枢经十二卷/王翰林集注

（3）黄帝八十一难经五卷/（明）王九思集注

（4）注解伤寒论十卷/（金）成无已注

（5）新编金匮要略方论三卷/（晋）王叔和编

（6）新刊王氏脉经十卷/（晋）王叔和编

（7）重修政和经史证类备用本草三十卷/（宋）唐慎微撰（宋）寇宗奭衍义

（8）饮膳正要/（元）忽思慧撰

（9）野菜博录/（明）鲍山撰

717 四部丛刊续编 1934

张元济新辑

医书子目：

（1）堂阴比事二卷/（宋）桂万荣撰

（2）饮膳正要三卷/（元）忽思慧撰

718 四部备要医家类五种 1924

中华书局辑

医书子目：

（1）神农本草经

（2）黄帝内经素问灵枢经

（3）难经集注

（4）伤寒论
（5）金匮要略

719 **半亩园丛书** 1862

（清）吴坤修辑
医书子目：
（1）救荒活民书三卷拾遗一卷/（宋）董煟撰
（2）伤寒微旨论二卷/（宋）韩祗和撰
（3）旅舍备要方一卷/（宋）董汲撰
（4）全生指迷方四卷/（宋）王贶撰

720 **汉学堂丛书** 1893

（清）黄奭辑
医书子目：
神农本草经三卷

721 **（增订）汉魏六朝别解** 1642

（明）叶绍泰辑
医书子目：
抱朴子一卷/（晋）葛洪撰

722 **（增订）汉魏丛书** 1791

（清）王谟辑
医书子目：
周易参同契一卷/（汉）魏伯阳撰

723 **永丰乡人杂著** 1922

罗振玉撰

医书子目：
抱朴子续篇残卷考记一卷

六 画

724 **式古居汇钞** 1846

（清）钱熙祚辑
医书子目：
种痘指掌一卷/（清）口口辑

725 **吉石盦丛书** 1914

罗振五辑
医书子目：
本草集注序录残一卷（存卷一）/（梁）陶弘景撰

726 **吉林探源书舫丛书** 1896

（清）盛福辑
医书子目：
咽喉脉证通论一卷

727 **芋园丛书** 1935

黄肇沂编
医书子目：
（1）素问入式运气论奥三卷/（宋）刘温舒撰
（2）黄帝内经素问遗篇/（宋）刘温舒撰
（3）张仲景注解伤寒百证歌五卷/（宋）许叔微撰
（4）寿亲养老新书四卷/（宋）陈直撰 （元）邹铉续

(5) 丹溪脉因证治二卷/(元)朱震亨撰
(6) 伤寒六经定法一卷答问一卷/(清)舒诏撰
(7) 脉药联珠四卷/(清)龙柏撰
(8) 脉药联珠古方考四卷/(清)龙柏撰
(9) 药证忌宜一卷/(清)陈澈撰

728 芗园丛书

(清)平步青辑
医书子目:
慎疾刍言一卷/(清)徐大椿撰

729 百川学海 1273

(宋)左圭辑
医书子目:
蔬食谱一卷/(宋)陈达叟撰

730 百子全书 1931

见《子书百家》

731 百陵学山 1584

(明)王文禄辑
医书子目:
(1) 医先/(明)王文禄撰
(2) 胎息经疏略/(明)王文禄撰
(3) 周易参同契正文二卷/(汉)魏伯阳撰
(4) 周易参同契疏略/(明)王文禄撰

732 扫叶山房丛钞 1883

(清)席威辑

医书子目：
(1) 易筋经义二卷/（西竺）般剌密谛译
(2) 服气图说一卷

733 夷门广牍 1597

（明）周履靖辑
医书子目：
(1) 胎息经/（原题）幻真先生撰
(2) 天隐子/（唐）司马承祯撰
(3) 炼形内旨/（明）著者佚名
(4) 赤凤髓三卷/（明）周履靖编 吴维贞续增
(5) 金笥玄玄/著者佚名
(6) 逍遥子导引诀/（原题）逍遥子撰
(7) 唐宋卫生歌/（明）周履靖辑
(8) 益龄单/（明）周履靖辑
(9) 怪疴单/（元）朱震亨撰
(10) 山家清供二卷/（宋）林洪撰
(11) 茹草编四卷/（明）周履靖辑
(12) 易牙遗意二卷/（明）韩奕撰
(13) 黄帝授三子玄女经/著者佚名

734 贞松堂藏西陲秘籍丛残 1912

罗振玉辑
医书子目：
疗服石医方残一卷/据唐写本影印

735 吕新吾全集 1911

（明）吕坤撰

医书子目：
疹科一卷

736　**朱子遗书**　1644

（宋）朱熹撰
医书子目：
朱子周易参同契考异一卷/（宋）黄瑞节撰

737　**会稽徐氏铸学斋丛书**　1893

（清）徐维则辑
医书子目：
（1）四科简效方四卷/（清）王士雄撰
（2）精选集验良方二卷/（清）关梓撰
（3）理瀹骈文摘要二卷/（清）吴尚先撰

738　**忏花盦丛书**　1887

（清）宋泽元辑
医书子目：
慎疾刍言一卷/（清）徐大椿撰

739　**问经堂丛书**　1802

（清）孙冯翼辑
医书子目：
神农本草经三卷/（魏）吴普等述　（清）孙星衍　（清）孙冯翼辑

740　**关中丛书**　**成书年代不详**

宋联奎辑

医书子目：

广成先生玉函经三卷/（前蜀）杜光庭撰

741 **守山阁丛书** 1844

（清）钱熙祚辑

医书子目：

（1）脉经十卷/（晋）王叔和撰

（2）难经集注五卷/（明）王九思等撰

742 **守中正斋丛书** 1892

（清）姜国伊（尹人）撰

医书子目：

（1）神农本草经三卷/（清）姜国伊辑 张柏校正

（2）脉经十卷卷首一卷/（晋）王叔和撰

（3）伤寒方经解一卷

（4）姜氏医学六种

743 **安溪李文贞公解义三种** 1719

（清）李光地撰

医书子目：

周易参同契一卷

744 **纪慎斋先生全集** 1852

（清）纪大奎撰

医书子目：

（1）周易参同契集韻六卷

（2）俞氏参同契发挥五言注摘录一卷

七 画

745 寿栎庐丛书 1920

吴之英撰

医书子目:

经脉分图四卷

746 花近楼丛书 1911

(清) 管庭芬辑

医书子目:

(1) 急痧方论一卷/(清) 徐缄撰

(2) 疡科浅说一卷/(清) 管宝仪撰

747 苏斋丛书 1795

(清) 翁方纲(正三、覃溪、苏斋) 撰

医书子目:

栖霞小稿

748 李文贞公全集 1736

(清) 李光地撰

医书子目:

周易参同契注一卷

749 李卓吾先生秘书八种

见《大雅堂订正枕中书》

750 求志居丛书 1896

（清）陈隆泽辑
医书子目：
（1）博济方/（宋）王衮撰
（2）旅舍备要方/（宋）董汲编
（3）伤寒微旨/（宋）韩祇和撰
（4）全生指迷方/（宋）王贶撰
（5）伤寒九十论/（宋）许叔微撰

751 求是斋杂存 1862

（清）彭崧毓撰
医书子目：
（1）养亲须知二卷
（2）中馈录一卷
（3）温清录一卷

752 吴中文献小丛书 1941

伪江苏省立苏州图书馆编纂委员会辑
医书子目：
十药神书一卷/（元）葛乾孙撰 （清）潘霨增注

753 佚存丛书 1875

（日）林衡辑
医书子目：
王翰林集注黄帝八十一难经五卷/（明）王九思新撰

754 汪双池先生丛书 1897

（清）汪绂撰

医书子目:
(1) 医要纂要探源十卷/附录一卷
(2) 浙刻双池遗书十二种
(3) 续参同契三卷

755 宋元检验三录 1718

(清) 吴鼎辑
医书子目:
(1) 宋提刑洗冤集录五卷/(宋) 宋慈撰
(2) 平冤录一卷
(3) 无冤录二卷/(元) 王与撰

756 灵鹣阁丛书 1875

(清) 江标辑
医书子目:
人参考一卷/(清) 唐秉钧撰

757 陈氏志学斋丛刊 1851

(清) 口口辑
医书子目:
十二段锦一卷/(清) 潘霨增删

758 邵潜夫别集 1626

(明) 邵潜撰
医书子目:
引年录三卷

759 纷欣阁丛书 1821

(清) 周心如辑

医书子目：

朱子周易参同契考异三卷/（宋）朱熹撰 （宋）黄瑞节附录

八 画

760 武英殿聚珍版书 1777

辑者佚名

医书子目：

（1）苏沈良方八卷拾遗二卷附校勘记一卷/（宋）苏轼（宋）沈括撰 校勘记/（清）孙星衍撰

（2）小儿药证直诀三卷/（宋）钱乙撰

761 苑委别藏 1820

（清）阮元辑

医书子目：

（1）难经集注五卷/（明）王九思等撰

（2）中藏经三卷/（汉）华佗撰

（3）脉经十卷/（晋）王叔和撰

（4）千金宝要六卷/（唐）孙思邈撰 （宋）郭思节辑

（5）玉函经一卷/（前蜀）杜光庭撰

（6）史载之方二卷/（宋）史堪撰

（7）伤寒明理论三卷后集一卷/（金）成无己撰

（8）陈氏小儿病源方论四卷/（宋）陈文中撰

（9）类编朱氏集验医方十五卷/（宋）朱佐撰

762 述古丛钞 1870

（清）刘晚荣辑

医书子目：

（1）伤寒百证歌五卷/（宋）许叔微撰

（2）经络歌诀一卷/（清）汪昂撰

（3）伤寒六经定法一卷附问答一卷/（清）舒诏撰

（4）药症忌宜一卷/（清）陈澈撰

763 述窠杂纂 1905

黄任恒撰

医书子目：

桂考一卷续一卷/（清）张光裕撰　黄任恒校　併辑续

764 枕碧楼丛书 1913

沈家本辑

医书子目：

无冤录二卷/（元）王与撰

765 味因丛书 1911

辑者佚名

医书子目：

（1）旅舍备要方/（宋）董汲撰

（2）易氏医案

（3）治验稿

（4）潜村医案

766 味檗斋遗书 1620

（明）赵南星撰

医书子目：
上医本草四卷

767 **明辨斋丛书** 1851

（清）余肇钧辑
医书子目：
折狱龟鉴八卷/（宋）郑克辑

768 **知不足斋丛书** 1889

（清）鲍廷博辑 （清）鲍志祖续辑
医书子目：
苏沈内翰良方十卷/（宋）苏轼 （宋）沈括撰

769 **岱南阁丛书** 1924

（清）孙星衍辑
医书子目：
宋提刑洗冤集录五卷/（宋）宋慈撰

770 **学津讨原** 1805

（清）张海鹏辑
医书子目：
（1）（增广）太平惠民和剂局方十卷用药总论三卷/（宋）陈师文等编
（2）古文考同契集解三卷笺注集解三卷三相类集解二卷/（明）蒋一彪辑
（3）胎息经一卷/（口）幻真先生注

771 **学海类编** 1831

（清）曹溶辑/（清）陶樾增订

医书子目：
(1) 学医随笔一卷/(宋) 魏了翁撰
(2) 上池杂说一卷/(明) 冯时可撰
(3) 延寿第一绅言一卷/(宋) 愚古老人撰
(4) 摄生消息论一卷/(元) 丘处机撰
(5) 饮食须知八卷/(元) 贾铭撰
(6) 四时宜忌一卷/(元) 瞿佑撰
(7) 馔史一卷/著者佚名
(8) 修龄要指一卷/(明) 冷谦撰
(9) 二六功课一卷/(明) 石室道人撰
(10) 摄生要语一卷/(明) 息斋居士撰
(11) 养生肤语一卷/(明) 陈继儒撰
(12) 摄生三要一卷/(明) 袁黄撰
(13) 养小录三卷/(清) 顾仲编
(14) 怡情小录一卷/(明) 沈仕撰

772　**泽古斋重钞**　1823

(清) 陈璜辑
医书子目：
(1) 喉科秘本一卷附喉科方一卷/(清) 尤乘撰
(2) 种痘心法一卷/(清) 宋奕梁撰
(3) 种痘指掌一卷/著者佚名
(4) 人参谱一卷/(清) 黄叔灿撰

773　**宝颜堂秘笈**　1602

(明) 陈继儒辑
医书子目：
(1) 脉望八卷/(明) 赵台鼎撰

(2) 饮食绅言一卷/（明）皆春居士撰
(3) 祈嗣真诠一卷/（明）袁黄撰
(4) 男女绅言/（明）皆春居士撰

774 宛鄰书屋丛书 1835

（清）张琦撰
医书子目：
素问释义十卷

775 居家必备 1643

辑者佚名
医书子目：
(1) 大藏治病药/（唐释）灵澈撰
(2) 种药疏/（元）俞宗本撰
(3) 天隐子养生书/（宋）司马承祯撰
(4) 保生要录/（宋）蒲处贯撰
(5) 摄生要录/（明）沈仕撰
(6) 四时摄生消息论/（明）高濂撰
(7) 按摩导引诀/（明）高濂撰
(8) 治万病坐功诀/（明）高濂撰
(9) 服食方/（明）高濂撰
(10) 解百毒方/（明）高濂撰
(11) 褚氏遗书/（南齐）褚澄撰
(12) 医先/（明）王文禄撰

776 经籍佚文 **成书年代不详**

（清）王仁俊辑
医书子目：
(1) 素问佚文一卷

(2) 抱朴子佚文一卷/(晋)葛洪撰

777 **函海** 1784

(清)李调元辑

医书子目:

(1) 产育宝庆集/(宋)郭稽中撰

(2) 颅囟经一卷/著者佚名

九 画

778 **春水船易学** 1797

(清)方本恭(鼎篆)撰

医书子目:

内经述一卷

779 **春在堂全书** 1902

(清)俞樾(荫甫)撰

医书子目:

(1) 枕上三字诀一卷

(2) 废医论一卷

780 **荔隐山房集** 1851

(清)涂庆澜撰

医书子目:

荔隐居卫生集语三卷

781 **荔墙丛刻** 1878

（清）汪曰桢辑

医书子目：

（1）叶氏眼科方一卷/（清）叶桂撰

（2）慎疾刍言一卷/（清）徐大椿撰

（3）随山宇方钞一卷/（清）汪曰桢撰

（4）温热经纬五卷/（清）王士雄撰

782 **指海** 1935

（清）钱熙祚辑 （清）钱培让 （清）钱培杰续辑

医书子目：

脉诀刊误二卷附录一卷/（元）戴启宗撰 附录/（明）汪机辑

783 **昭代丛书** 1697

（清）张潮 （清）张渐辑 （清）沈懋德续辑

医书子目：

（1）医津一筏一卷/（清）江之兰撰

（2）人参谱一卷/（清）陆烜撰

784 **贵池先哲遗书** 1926

刘世珩辑

医书子目：

幼科铁镜六卷/（清）夏鼎撰

785 **选印宛委别藏** 1820

故宫博物院辑

医书子目：
（1）陈氏小儿病源方论四卷/（宋）陈文中撰
（2）类编朱氏集验医方十五卷/（宋）朱佐撰

786 **重订欣赏编** 1644

（明）沈津辑 （明）茅一相重编
医书子目：
（1）八段锦一卷/（明）高濂撰
（2）陈希夷坐功图一卷/（宋）陈抟撰

787 **娄东杂著** 1833

又名棣香斋丛书
（清）邵廷烈辑
医书子目：
侍疾要语一卷/（清）钱襄撰

788 **洪氏晦木斋丛书**

（清）洪汝奎辑
医书子目：
洪氏集验方五卷/（宋）洪遵撰

789 **津逮秘书** 1644

（明）毛晋辑
医书子目：
（1）黄帝授三子玄女经一卷
（2）胎息经一卷/幻真先生注

790 **冠悔堂丛书** 1892

（清）杨浚编

医书子目：

蓄艾录一卷附录一卷/（清）杨浚辑

791 说郛一百二十卷 1367

（元）陶宗仪辑 （明）陶珽重校

医书子目：

（1）山家清供一卷/（宋）林洪撰

（2）弓七十五

（3）天隐子养生书一卷/（唐）司马承祯撰

（4）保生要录一卷/（宋）蒲处贯撰

（5）保生月录一卷/（唐）韦行规撰

（6）养生月录一卷/（宋）姜蜕撰

（7）摄生要录一卷/（明）沈仕撰

（8）禅本草一卷/（宋释）慧日撰

（9）麴本草一卷/（宋）田锡撰

（10）食谱一卷/（唐）韦巨源撰

（11）食经一卷/（口）谢讽撰

（12）中馈录一卷/（口）吴氏撰

（13）南方草木状三卷/（晋）稽含撰

（14）菌谱一卷/（宋）陈仁玉撰

（15）蔬食谱一卷/（宋）陈达叟撰

（16）野菜谱一卷/（明）王磐撰

（17）茹草纪事一卷/（宋）林洪撰

（18）药谱一卷/（唐）候宁极撰

（19）药谱一卷/（晋）李当之撰

（20）何首乌录一卷/（唐）李翱撰

（21）彰明附子记一卷/（宋）杨天惠撰

（22）褚氏遗书一卷/（南齐）褚澄撰

(23) 脉经一卷/(晋)王叔和撰
(24) 子午经一卷/(周)扁鹊撰
(25) 玄女房中经一卷/(唐)孙思邈撰
(26) 相儿经/(晋)严助撰

792 **说郛一百卷** 1367

(元)陶宗仪辑　张宗祥重校
医书子目:
(1) 山家清供一卷/(宋)林洪撰
(2) 清异录(药部)/(宋)陶谷撰
(3) 蔬食谱/(宋)陈达叟撰
(4) 菌谱一卷/(宋)陈仁玉撰
(5) 褚氏遗书/(南齐)褚澄撰
(6) 保生要录一卷/(宋)蒲处贯撰
(7) 南方草木状三卷/(晋)稽含撰

793 **说郛续四十六卷** 1646

(明)陶珽辑
医书子目:
(1) 医闾漫记一卷/(明)贺钦撰
(2) 脚气集一卷/(宋)车若水撰
(3) 禅门本草补一卷/(明)袁中道撰
(4) 胎息经疏一卷/(明)王文禄撰
(5) 析骨分经一卷/(明)宁一玉撰
(6) 医先一卷/(明)王文禄撰
(7) 居家宜忌一卷/(明)瞿佑撰
(8) 药圃同春一卷/(明)夏旦撰

794 咫尺斋丛书 1883

（清）姚觐元（彦侍）辑

医书子目：

（1）咽喉脉证通论一卷/著者佚名

（2）慎疾刍言一卷/（清）徐大椿撰

795 逊敏堂丛书 1861

（清）黄秩模辑

医书子目：

（1）异疾志一卷/（唐）段成式撰

（2）大藏治病药一卷/（唐释）灵澈撰

（3）药谱一卷/（唐）候宁极撰

（4）本草经解要附余一卷/（清）杨守敬撰

（5）麻疹证治要略一卷/（清）郑志昀撰

（6）本草纲目正误一卷/（清）赵学敏撰

（7）奇证秘录一卷/（清）黄秩模撰

（8）食谱一卷/（唐）韦巨源撰

（9）居家宜忌一卷/（明）瞿佑撰

十　画

796 珠丛别录 1835

（清）钱熙祚辑

医书子目：

（1）博济方五卷/（宋）王衮撰

（2）旅舍备要方一卷/（宋）董汲撰

(3) 伤寒微旨论二卷/(宋)韩祇和撰
(4) 全生指迷方四卷/(宋)王贶撰

797 **顾氏家集** 1929

顾燮光辑
医书子目:
学医随笔一卷/(清)顾淳庆撰

798 **致用丛书** 1808

(清)李宗昉辑
医书子目:
折狱龟鉴八卷卷首一卷/(襟)郑克撰

799 **铁琴铜剑楼丛书** 1922

瞿启甲辑
医书子目:
洪氏集验方五卷/(宋)洪遵撰

800 **借月山房汇抄** 1796

(清)张海鹏辑
医书子目:
(1) 本心斋蔬食谱一卷/(宋)陈达叟撰
(2) 救荒野谱一卷/(明)姚可成撰
(3) 人参谱一卷/(清)黄叔灿撰
(4) 种痘心法一卷/(清)朱奕梁撰
(5) 种痘指掌一卷/著者佚名
(6) 喉科秘书一卷附喉科附方一卷/(清)尤乘撰

801 **奚囊广要** 1368

（明）辑者佚名

医书子目：

（1）保产育婴录一卷

（2）丹溪治痘要法一卷/（明）侯弼辑

（3）备急海上仙方一卷/（唐）孙思邈撰

802 **唐人说荟** 1792

（清）陈世熙辑

医书子目：

（1）食谱/（唐）韦巨源撰

（2）药谱/（唐）候宁极撰

（3）异疾志/（唐）段成式撰

（4）大藏治病药/（唐释）灵澈撰

803 **瓶花书屋丛书** 1848

（清）童和豫撰

医书子目：

（1）折狱龟鉴八卷卷首一卷/（宋）郑克撰

（2）肘后备急方八卷/（晋）葛洪撰

804 **瓶花书屋医书** 1845

（清）包松溪等编

子目：

（1）医方集解二十一卷附急救良方/（清）汪昂撰

（2）本草备要八卷/（清）汪昂撰

（3）本草从新/（清）吴仪洛撰

(4) 成方切用二十六卷/(清)吴仪洛撰
(5) 外科证治全生五卷/(清)王维德撰

805 **凌氏传经堂丛书** 1821

(清)凌镐 (清)凌镛辑
医书子目:
医宗宝笈一卷/(清)凌堃撰

806 **海山仙馆丛书** 1850

(清)潘仕成辑
医书子目:
(1) 调燮类编四卷
(2) 傅青主女科二卷产后编二卷/(清)傅山撰

807 **海陵丛刊** 1919

韩国钧辑
医书子目:
(1) 运气辨/(清)陆儋辰撰
(2) 陆筦泉医书六卷/(清)陆儋辰撰

808 **诸子平议补录** 1922

(清)俞樾撰
医书子目:
抱朴子平议补录

809 **诸子集成** 1935

国学整理社辑
医书子目:
抱朴子内篇二十卷外篇五十卷/(晋)葛洪撰

810 **诸子彙函** 1621

（明）归有光辑

医书子目：

（1）天隐子

（2）抱朴子/（晋）葛洪撰

811 **读画斋丛书** 1796

（清）顾修辑

医书子目：

刘涓子鬼遗方五卷/（南齐）龚庆宣撰

十 一 画

812 **黄氏逸书考** 1937

（清）黄奭辑

医书子目：

（1）子史钩沈

（2）神农本草经三卷/（魏）吴普等述

813 **梅谷十种书** 1769

（清）陆烜撰

医书子目：

人参谱四卷

814 **曼陀罗华阁丛书** 1892

（清）杜文澜辑

医书子目：

(1) 妇科秘方一卷

(2) 胎产护生篇一卷补遗一卷/（明）李长科辑

(3) 太乙神针方一卷/（清）范培兰撰 （明）杜文澜编

815 晚学庐丛稿 1949

叶瀚撰

医书子目：

(1) 灵枢解剖学大旨

(2) 灵素解剖学初稿

(3) 灵素解剖学

(4) 本草纲目辑注札记

(5) 十二经脉考

816 啸园丛书 1883

（清）葛元煦辑

医书子目：

(1) 洄溪医案一卷附一卷/（清）徐灵胎撰

(2) 慎疾刍言一卷/（清）徐灵胎撰

(3) 景岳新方砭四卷/（清）陈念祖撰

(4) 理虚元鉴二卷/（元）汪绮石撰

(5) 保生胎养良方一卷/著者佚名

817 惜阴轩丛书 1840

（清）李锡龄辑

医书子目：

(1) 卫生宝鉴二十四卷补遗一卷/（元）罗天益撰

(2) 小儿药证直诀三卷/（宋）钱乙撰

818 清风室丛刊 1851

（清）钱保塘辑

医书子目：

医学总论一卷附一卷/（清）陆汝衔撰

819 渐西村舍汇刊 1897

（清）袁昶辑

医书子目：

（1）黄帝内经太素三十卷附遗文一卷（原缺七卷）/（隋）杨上善注

（2）黄帝内经明堂一卷附录一卷/（隋）杨上善注

820 寄寄山房全集 1931

张翼廷撰

医书子目：

寄寄山房鼠疫杂志一卷

821 随盦徐氏丛书 1904

徐乃昌辑

医书子目：

（1）刘涓子鬼遗方五卷/（南齐）龚庆宣撰

（2）广成先生玉函经一卷/（前蜀）杜光庭撰

822 绩溪胡氏丛书 1862

（清）胡培系辑

医书子目：

黄帝内经素问校义一卷/（清）胡澍撰

823 **续知不足斋丛书** 1644

（清）高承勋辑

医书子目：

（1）（增广）太平惠民和剂局方十卷

（2）用药总论三卷/（宋）陈师文新编

824 **续金华丛书** 1924

胡宗楙辑

医书子目：

（1）格致余论一卷/（元）朱震亨撰

（2）局方发挥一卷/（元）朱震亨撰

（3）金匮钩玄三卷/（元）朱震亨撰

十 二 画

825 **琳琅秘室丛书** 1853

（清）胡珽（仁和）辑

医书子目：

伤寒九十论一卷附校伪一卷补校一卷/（宋）许叔微撰

826 **棣香斋丛书** 1833

见《娄东杂著》

827 **敬香楼丛书** 1912

黄群辑

医书子目：
无冤录二卷/（元）元与撰

828 棣香斋丛书

见《娄东杂著》

829 道书十二种 1796

（清）刘一明撰
医书子目：
（1）周易参同契经文直指三卷
（2）周易参同契直指笺注三卷
（3）周易参同契直指三相类二卷

830 道书全集 1682

（明）阎鹤训辑
医书子目：
（1）金丹正理大全
（2）周易参同契通真义三卷/（后蜀）彭晓撰
（3）周易参同契解三卷/（宋）陈显微撰
（4）周易参同契分章注三卷/（元）陈致虚撰
（5）玄宗内典诸经注
（6）胎息经注一卷/（囗）幻真先生撰
（7）黄庭内景五脏六腑图说一卷/（唐）胡愔撰

831 道言五种 1930

（清）陶素耜撰
医书子目：
周易参同契脉望三卷

832　**道贯真源**　1788

（清）董元真辑

医书子目：

周易参同契正义三卷/（清）董德宁撰

833　**道藏**　1449

著者佚名

医书子目：

（1）图经衍义本草四十二卷图经集注衍义本草五卷/（宋）寇宗奭编

（2）黄帝内经素问补注释文五十卷/（唐）王冰注　（宋）林亿等校正

（3）黄帝素问灵枢集注二十三卷灵枢略一卷/（宋）史崧撰

（4）黄帝内经素问遗篇五卷/（宋）刘温舒补

（5）素问入式运气论奥三卷/（宋）刘温舒撰

（6）素问六气玄珠密语十七卷/（唐）王冰撰

（7）黄帝八十一难经纂图句解七卷附注义图序论/（宋）李駉撰

（8）葛仙翁肘后备急方八卷/（晋）葛洪撰

（9）孙真人备急千金要方九十三卷目录二卷/（唐）孙思邈撰

（10）急救仙方十一卷/（宋）著者佚名

（11）仙传外科秘方十一卷/（明）赵宜真编

（12）养性延命录二卷/（梁）陶弘景集

（13）混俗颐生录二卷/刘词编

（14）四气摄生图/著者佚名

（15）养生辨疑诀/（唐）施肩吾撰

（16）养生秘录/著者佚名
（17）保生要录/（宋）蒲处贯撰
（18）三元延寿参赞书/（元）李鹏飞编
（19）太上保真养生论/著者佚名
（20）太清道林摄生论/著者佚名
（21）修真秘录/符度仁撰
（22）显道经/著者佚名
（23）太上老君养生诀/著者佚名
（24）枕中记/著者佚名
（25）彭祖摄生养性论/著者佚名
（26）孙真人摄养论/著者佚名
（27）抱朴子养生论/著者佚名
（28）长生诠经/著者佚名
（29）太清金液神丹经三卷/著者佚名
（30）玉洞大神丹砂真要诀/（唐）张果撰
（31）雁门公妙解录/（唐）雁门公撰
（32）通玄秘术三卷/（唐）沈知言集
（33）太丹铅录论/（唐）金竹坡撰
（34）丹房奥论/（宋）程一了撰
（35）金华冲碧丹经秘旨二卷/（宋）白玉蟾传　彭耜编
（36）灵宝众真丹诀/著者佚名
（37）神仙服饵丹石行药法/京里先生撰
（38）上清经真丹秘诀一卷/著者佚名
（39）太清石壁记三卷/楚泽先生编
（40）太清经天师口诀/著者佚名
（41）太清修丹秘诀/著者佚名
（42）黄帝九鼎神丹经诀二十卷/著者佚名
（43）九转灵砂大丹资圣玄经/著者佚名

(44) 张真人金石灵砂论/张隐居撰
(45) 太极真人九转还丹经要诀/著者佚名
(46) 大洞炼真宝经修伏灵砂妙诀/（元）陈少微撰
(47) 大洞炼真宝经九还金丹妙诀/（元）陈少微撰
(48) 太上卫灵神化九转丹砂法/著者佚名
(49) 九转灵砂大丹/著者佚名
(50) 九转青金灵砂丹/著者佚名
(51) 阴阳九转成紫金点化还丹诀/著者佚名
(52) 灵砂大丹秘诀/著者佚名
(53) 碧玉朱砂寒林玉树匮/陈大师撰
(54) 丹房须知/（宋）吴悮撰
(55) 龙虎还丹诀二卷/金陵子撰
(56) 金华玉液大丹/著者佚名
(57) 感气十六转金丹/著者佚名
(58) 修炼大丹要旨二卷/著者佚名
(59) 抱朴子神仙金汋经三卷/著者佚名
(60) 诸家神品丹法六卷/著者佚名
(61) 铅汞甲庚至宝集成五卷/著者佚名
(62) 丹方鉴源三卷/独孤滔撰
(63) 轩辕黄帝水经药法/著者佚名
(64) 三十六水法/著者佚名
(65) 红铅黑铅诀/著者佚名
(66) 灵飞敬传信录/著者佚名
(67) 玄霜掌上录/著者佚名
(68) 太极真人杂丹药方/著者佚名
(69) 太古土兑经三卷/著者佚名
(70) 九转流珠神仙九丹经二卷/著者佚名
(71) 上洞心丹经诀三卷/著者佚名

（72）庚道集九卷/著者佚名
（73）石药尔雅
（74）抱朴子内篇
（75）灵妙大丹秘诀
（76）灵妙宝净明大法万道玉章
（77）皇忏中断障文
（78）铅道甲庚至宝集
（79）传信录
（80）神仙养生秘术
（81）金碧五相类参同契三卷/（汉）阴汉生注
（82）参同契五相类秘要
（83）阴真君金石五相类
（84）金石簿五九数诀
（85）上清九真中经内决
（86）灵剑子一卷灵剑子导引子午记一卷/（晋）许逊述
（87）黄庭内景五脏六腑补泻图并序/（唐）胡愔述
（88）胎息经注/幻真先生注
（89）胎息秘要歌诀/著者佚名
（90）修真精义杂论/（唐）白云子述
（91）摄生纂录/著者佚名
（92）太清调气经/著者佚名
（93）太清服气口诀/著者佚名
（94）嵩山太无先生气经二卷/著者佚名
（95）延陵先生集新旧服气经/桑榆子详
（96）幻真先生服内元炁决/著者佚名
（97）服气精义论/（唐）白云子述
（98）气法要妙至诀/著者佚名
（99）上清司命茅真君修行指迷诀/著者佚名

(100) 神仙食炁金匮妙录京里先注撰
(101) 三洞枢机杂说/著者佚名
(102) 正一法文修真旨要/著者佚名
(103) 上清太极真人撰所施行秘要经/著者佚名
(104) 上清黄庭五脏六腑真人五轴经/著者佚名
(105) 长生胎元神用经/郎肇注
(106) 太初元气接要保生之论/著者佚名

834 **道藏举要** 1940

商务印书馆编

医书子目:

(1) 四气摄生图一卷
(2) 图经集注衍义本草五卷/(宋)寇宗奭撰
(3) 图经衍义本草四十二卷/(宋)寇宗奭撰
(4) 养性延命录二卷/(梁)陶弘景集
(5) 混俗颐生录二卷/刘词编
(6) 黄帝内经素问补注译文五十卷/(唐)王冰注
(7) 黄帝内经灵枢略一卷/(唐)王冰注
(8) 黄帝素问灵枢集注二十三卷/(唐)王冰注
(9) 黄帝内经素问遗篇五卷/(唐)王冰注
(10) 素问入式运气论奥三卷/(宋)刘温舒撰
(11) 素问六气玄珠密语十七卷/(唐)王冰撰
(12) 黄帝八十一难经纂图句解七卷/(宋)李駉撰
(13) 孙真人备急千金要方九十三卷/(唐)孙思邈撰
(14) 急救仙方十一卷/(唐)孙思邈撰
(15) 仙传外科秘方十一卷/(明)赵宜真撰
(16) 肘后备急方八卷/(晋)葛洪撰

835 **（重刊）道藏辑要** 1906

（清）彭定求辑 （清）阎永和增

医书子目：

箕集

（1）黄帝内景经一卷/（清）蒋国祚注

（2）黄帝外景经一卷/（清）蒋国祚注

（3）太上黄庭内景玉经一卷/（口）梁丘子注

（4）太上黄庭外景经一卷/（口）梁丘子注

（5）太上黄庭中景经一卷/（金）李千乘注

（6）胎息经注一卷/（口）幻真先生撰

（7）太极葛仙公传一卷/（明）谭嗣先撰

（8）参同契阐幽三卷/（清）朱元育撰

（9）参同契分章注三卷/（元）陈致虚撰

（10）参同契三卷/（宋）陈显微注

（11）入药镜一卷/（汉）崔希范撰 （元）王玠 （明）李攀龙 彭好古注

（12）葛仙翁肘后备急方八卷/（晋）葛洪撰

（13）孙真人备急千金要方五卷/（唐）孙思邈 （宋）林亿等校正

（14）悟真篇三卷/（宋）张伯端撰

（15）悟真篇直指详说一卷/（宋）翁葆光撰

（16）悟真篇阐幽三卷/（清）朱元育撰

（17）天仙正理直论增注一卷/（明）伍守阳撰

斗集

（18）长生胎元神用经一卷/（口）郎肇注

虚集

（19）抱朴子/（晋）葛洪撰

（20）葛仙翁肘后备急方八卷/（晋）葛洪撰

（21）孙真人备急千金要方五卷/（唐）孙思邈撰 （宋）林亿新校正

危集

（22）天隐子一卷/（唐）司马承祯撰

836 道藏精华录 1935

守一子辑

医书子目：

（1）养生延命录一卷/（梁）陶弘景撰

（2）摄养枕中方一卷/（唐）孙思邈撰

（3）摄生月令一卷/（宋）姚称撰

（4）真诰篇一卷/（宋）曾慥辑

（5）华阳陶隐居内传三卷/（宋）贾嵩撰

（6）摄生消息论一卷/（元）丘处机撰

（7）养生肤语/（明）陈继儒撰

（8）摄生三要一卷/（明）袁黄撰

（9）修令指要一卷/（明）冷谦撰

（10）胎息经疏一卷/（明）王文禄撰

（11）胎息经注一卷/幻真先生注

（12）将摄保命篇一卷

（13）服气长生辟谷法一卷

（14）天隐子养生书一卷

（15）至言总养生篇一卷

（16）古仙导引按摩法一卷

837 渭南严氏孝义家塾丛书 1928

严式诲辑

医书子目：
(1) 伤寒论条辨八卷或问一卷
(2) 痉书一卷
(3) 痉书或问一卷
(4) 本草钞一卷/（明）方有执撰

十 三 画

838 楚州丛书 1922

冒广生辑
医书子目：
赤泉元筌一卷/（清）任瑗撰

839 槐庐丛书 1887

（清）朱记荣辑
医书子目：
(1) 针灸甲乙经十二卷/（晋）皇甫谧撰 （宋）林亿等校正
(2) 医学读书记三卷续记一卷/（清）尤怡撰
(3) 静香楼医案一卷/（清）尤怡撰
(4) 何氏心传一卷/（清）何炫撰

840 摛藻堂四库全书荟要 1933

（清）于敏中 王际华等编
医书子目：
(1) 素问二十四卷/（唐）王冰注
(2) 难经本义二卷/（元）滑寿注

(3) 玉龙经一卷/(元)王国瑞撰
(4)(御定)医宗金鉴九十卷/(清)吴谦等纂
(5) 周易参同契通真义三卷/(后蜀)彭晓撰
(6) 抱朴子内外篇八卷/(晋)葛洪撰

841 锡山荣氏绳武楼丛刊 1933

荣棣辉辑
医书子目:
(1) 医学一得四卷补遗一卷/荣汝棻撰 补遗/荣善昌 荣棣辉辑
(2) 戊午輓言录一卷附录一卷 荣善昌 荣棣辉辑

842 滂喜斋丛书 1862

(清)潘祖荫辑
医书子目:
黄帝内经素问校义一卷/(清)胡澍撰

十 四 画

843 碧琳琅馆丛书 1884

(清)方功惠辑
医书子目:
(1) 素问入式运气论奥三卷/(宋)刘温舒撰
(2) 黄帝内经素问遗篇一卷/(宋)刘温舒撰

844 榕村全集 1829

(清)李光地撰

医书子目：
周易参同契注一卷

845 裴氏医书指髓 1915

裴荆山辑录
子目：
（1）伤寒指髓
（2）金匮指髓
（3）温病指髓
（4）脉法指髓
（5）腧穴指髓
（6）针灸指髓
（7）六经指髓

846 翠琅轩馆丛书 1888

黄任恒重辑
医书子目：
（1）张仲景注解伤寒百证歌五卷/（宋）许叔微撰
（2）寿亲养老新书四卷/（宋）陈直撰 （元）邹铉续
（3）伤寒六经定法一卷问答一卷/（清）舒诏撰
（4）丹溪脉因证治二卷/（元）朱震亨撰
（5）脉药联珠四卷/（清）龙柏撰
（6）脉药联珠古方考四卷/（清）龙柏撰
（7）药证忌宜一卷/（清）陈澈撰

十 五 画

847 **墨海金壶** 1817

（清）张海鹏辑

医书子目：

（1）伤寒微旨论二卷/（宋）韩祗和撰

（2）博济方五卷/（宋）王衮撰

（3）旅舍备要方一卷/（宋）董汲撰

（4）全生指迷方四卷/（宋）王贶撰

848 **牖蒙丛编** 1901

（清）王锡祺辑

医书子目：

（1）医学三字经/（清）陈念祖撰

（2）脉学四言举要/（宋）崔嘉彦撰 （明）李言闻删补

（3）药性赋/（明）罗必炜参订

（4）汤头歌诀/（清）汪昂撰

（5）经络歌诀/（清）汪昂撰

（6）金匮歌括/（清）陈念祖撰

（7）医中百误歌/（清）程国彭撰

849 **潜园总集** 1876

（清）陆心源（刚甫、存斋、潜园老人）辑

医书子目：

（1）巢氏诸病源候论校一卷

（2）外台秘要校九卷

850 **豫恕堂丛书** **成书年代不详**

（清）沈善登辑

医书子目：

（1）伤寒微旨论二卷/（宋）韩祇和撰

（2）脚气治法二卷/（宋）董汲撰

851 **豫章丛书** 1915

胡思敬辑

医书子目：

（1）喻氏医书三种/（清）喻昌撰

（2）医门法律六卷

（3）尚论篇四卷

（4）寓意草四卷

（5）天仙正理二卷附录一卷/（明）伍守阳撰

十 六 画

852 **檇李遗书** 1878

（清）孙福清辑

医书子目：

（1）藏密斋书牍一卷/（明）魏大中撰

（2）老老恒言五卷/（清）曹庭栋撰

十 七 画

853 藏修堂丛书 1890

（清）刘晚荣辑

医书子目：

（1）张仲景注解伤寒百证歌五卷/（宋）许叔微撰

（2）寿亲养老新书四卷/（宋）陈直撰 （元）邹铉续

（3）药症忌宜一卷/（清）陈澈撰

（4）经络歌诀一卷/（清）汪昂撰

（5）伤寒六经定法一卷问答一卷/（汪）舒诏撰

854 檀几丛书 1695

（清）王晫（清）张潮辑

医书子目：

行医八事图一卷/（清）丁雄飞撰

十 九 画

855 �古介书 1627

（明）邵闇生辑

医书子目：

参同契三卷/（汉）魏伯阳撰

二十一画

856　**饕喜庐丛书**　1889

（清）傅云龙辑

医书子目：

新修本草残十一卷/（唐）李勣新撰　（日）小岛知足辑补

下　编

索　　引

丛书作者笔画索引

二　画

三　画

四　画

五 画

六 画

七 画

八 画

九 画

十 画

十一画

十 二 画

十 三 画

十 四 画

十 五 画

十 六 画

十 七 画

十 八 画

子目书名笔画索引

三　画

四　画

五 画

六　画

七 画

八　画

九 画

十 画

十 二 画

十三画

十 四 画

十五画

十 六 画

十 七 画

十 八 画

十 九 画

二 十 画

二十一画

二十二画

二十三画

子目书作者笔画索引

一　画

二　画

三　画

四　画

五 画

六 画

七 画

八　画

九 画

十 画

十一画

十 二 画

十 三 画

十 四 画

十五画

十六画

十七画

十八画